기독교문서선교회 (Christian Literature Center: 약칭 CLC)는 1941년 영국 콜체스터에서 켄 아담스에 의해 시작되었으며 국제 본부는 미국 필라델피아에 있습니다.
국제 CLC는 59개 나라에서 180개의 본부를 두고, 약 650여 명의 선교사들이 이동 도서차량 40대를 이용하여 문서 보급에 힘쓰고 있으며 이메일 주문을 통해 130여 국으로 책을 공급하고 있습니다. 한국 CLC는 청교도적 복음주의 신학과 신앙 서적을 출판하는 문서선교기관으로서, 한 영혼이라도 구원되길 소망하면서 주님이 오시는 그날까지 최선을 다할 것입니다.

조영엽 박사 저서 목록

1. "세계교회협의회 비평(A Critique of the World Council of Churches)"(박사 학위 논문), 1982. 5. 15, 339면.
2. "1967년도 새신앙고백서 성경관에 대한 분석 및 평가"(A Critique of 1967 New Confession), (석사 학위 논문), 총신대학교 양지캠퍼스, 1967. 74면.
3. 『성경적 해답』(교회와 사회의 당면 문제들에 대한)(2판), 북커뮤니케이션, 2016. 2, 416면.
4. 『신론』(개정증보 5판), 기독교문서선교회, 2012. 5, 416면.
5. 『기독론』(개정증보 5판), 기독교문서선교회, 2012. 3, 648면.
6. 『성령론』(개정증보판), 기독교문서선교회, 2013. 6, 384면.
7. 『구원론』(개정증보 3판), 기독교문서선교회, 2012. 10, 392면.
8. 『교회론』(개정증보 5판), 기독교문서선교회, 2012. 9, 808면.
9. 『종말-내세론』(개정증보판), 기독교문서선교회, 2013. 10. 5, 400면.
10. 『인죄론』(개정증보판), 기독교문서선교회, 2014. 2, 392면.
11. 『가톨릭교회교리서 분석·평가·비평』(개정증보판), 기독교문서선교회, 2015. 3, 432면.
12. 『W.C.C.의 정체』(개정증보 3판), 도서출판 언약, 2013. 4, 480면.
13. 『사도 바울의 생애와 선교』(개정증보판), 기독교문서선교회, 2016. 8, 415면.
14. 『디모데전서 주석』(개정증보판), 기독교문서선교회, 2014. 12, 720면.
15. 『디모데후서 주석』(개정증보판), 기독교문서선교회, 2014. 12, 456면.

16. 『세계교회협의회(W.C.C.) 제10차 총회 백서 분석, 평가, 비평』, (사)성경보수개혁교회단체연합회, 2015. 1, 264면.
17. 『찬송학·현대복음송·열린예배』(개정증보 3판), 북커뮤니케이션, 2016. 5, 365면.
18. 『목적이 이끄는 삶(PDL)-교회를 타락시키는 베스트셀러』(개정판), 북커뮤니케이션 2016. 3, 357면.
19. 『사도신경 변호』(개정증보판) 상 · 하권, 큰샘출판사, 2004. 5.1, 649면.
20. 『해방신학 분석 평가 및 비평』, 국군정신전력학교, 1988. 10.
21. 『민중신학 분석 평가 및 비평』, 국군정신전력학교, 1988. 10.
22. 『자유민주주의를 추구하며』, 북커뮤니케이션, 2017. 7, 112면.
23. 『사도신경 변호』, 중화인민공화국 양회, 2008. 11.
24. 『신론 · 인죄론』, 중화인민공화국 양회, 2008. 11.
25. 『구원론』(중문판), 북커뮤니케이션, 2016. 12, 336면.
26. 『위대한 종교개혁자 마틴 루터의 생애와 업적』, 북커뮤니케이션, 2017. 10.
27. 『로마서에 계시 된 구원 영생의 도리』(개정증보 2판), 북커뮤니케이션, 2017. 11.

필자의 목회학 박사 수여식

내가 나 된 것은 온전히 100퍼센트 하나님의 은혜(고전 15:10).

추천사 1

이승현 박사
구속사운동센터 이사장

　조영엽 박사는 평생 성경을 보수하는 신앙과 신학을 견지하며 수호하는 데 앞장서신 믿음의 용장이십니다. 조 박사는 칼 맥킨타이어 박사를 30년 이상 보좌하며, 통역하는 사명을 잘 감당하셨습니다. 칼 맥킨타이어 박사는 메이천 박사와 함께 자유주의 신학에 항거하여 보수신학을 수호하며 전 세계로 퍼져나가던 자유주의 물결을 온몸으로 막으신 분이십니다. 6.25 한국전쟁 이후에 황폐된 대한민국의 보수 신앙 건설을 위해 막대한 지원을 아끼지 않고 헌신하셨습니다.

　저는 칼 맥킨타이어 박사가 1995년 90세의 나이로 내한하셨을 때 그분을 옆에 부축하며 강단으로 안내하고 설교를 직접 들으며, 오직 하나님만을 일평생 사랑하며 생명을 바쳐 충성하신 영적 거장의 뜨거운 믿음을 배울 수 있었습니다.

　이번에 세계 최초로 대한민국의 보수신학자인 조영엽 박사를 통해서 칼 맥킨타이어 박사의 일생을 조명한 『신앙과 자유의 수호자, 칼 맥킨타이어 박사』가 출간되게 된 것을 진심으로 하나님께 감사드리고, 노년의 불편한 몸을 이끄시고 이 많은 자료를 정리하여 책으로 나올 수 있도록 헌신하신 조영엽 박사께도 감사를 드립니다.

　이 책은 칼 맥킨타이어 박사의 일생을 직접 옆에서 30년 동안 통역을 하면서 보좌하신 분이 정리하셨기에 그 어디에서도 찾아볼 수 없는 생생한 이야기들로 가득 차 있습니다.

　모세는 가나안 입성을 앞둔 후손들에게 다음과 같이 선포하였습니다.

옛날을 기억하라 역대의 연대를 생각하라 네 아비에게 물으라 그가 네게 설명할 것이요 네 어른들에게 물으라 그들이 네게 이르리로다(신 32:7).

칼 맥킨타이어 박사는 이 시대 우리가 물어야 할 우리의 아비요 우리의 어른이십니다. 바라옵기는 이 책을 통하여 점점 자유주의의 물결이 세계를 덮어가는 안타까운 현실 속에서, 다시 오직 성경, 오직 예수로 돌아가는 새로운 종교개혁의 물결이 온 세계를 덮는 새로운 역전의 역사가 일어나기를 간절히 소망합니다.

이 책을 통하여 칼 맥킨타이어 박사가 그렇게 수호하였던 오직 성경 중심의 보수신학이 우리 자녀와 그 자녀들의 자녀들에게 대대로 전수되는 역사가 일어날 줄로 확신하며 뜨거운 성령의 감격 속에서 이 책을 추천하는 바입니다.

· · ·

추천사 2

정 성 구 박사
전 총신대, 대신대 총장

이 책 『신앙과 자유의 수호자 칼 맥킨타이어 박사』는 조영엽 박사만이 쓸 수 있는 책입니다. 조 박사는 칼 맥킨타이어 박사의 통역으로, 그와 함께 호흡하고 그의 사상과 삶을 가장 가까이에서 지켜본 분입니다. 20세기 개혁신학의 거두이자 대설교가요, 반 W.C.C 운동의 자이언트 칼 맥킨타이어 박사의 사상과 삶이 이 책에서 살아 움직이고 있습니다.

추천사 3

김 남 식 박사
한국장로교사학회 회장

믿음의 거인 가운데 이 세상에 헌신의 자취를 남기고 간 이들이 많습니다. 그중 맥킨타이어 박사는 성경적 성별주의를 내세우며 신앙 수호의 일생을 보냈습니다.

한국 교회에서 그에 대한 소개가 미진한 가운데 이 책을 통해 그의 편모를 볼 수 있음이 다행입니다. 우리 모두가 맥킨타이어 박사의 삶과 신앙, 신학 그리고 사역을 통해 새로운 힘을 얻었으면 합니다.

• • •

추천사 4

나 종 래(Na Lanka) 선교사
스리랑카 Timothy Gospel Church 원로목사

저의 스승이시며 존경하는 조영엽 박사의 친필 저서이며 I.C.C.C. 설립자이신 칼 맥킨타이어 박사의 제자로 『신앙과 자유의 수호자 칼 맥킨타이어 박사』 책을 출간함에 진심으로 감사드립니다. 20세기 세계를 대표하는 근본주의자 및 성별주의자로 불릴 만한 단연 독보적인 인물입니다.

추천사 5

김 형 주 강도사
평강제일교회 시무

칼 맥킨타이어 박사는 20세기 미국 기독교 우파의 가장 위대한 인물 중 한 사람으로, 용공주의, 세속주의, 신복음주의, 종교다원주의의 사조에 맞서 전 세계적으로 반공자유주의, 개혁주의, 복음주의, 성별주의 운동을 이끈 분입니다.

존경하는 스승 조영엽 박사의 금번 저서가, 한국 교계에 칼 맥킨타이어 박사의 업적을 재조명하는 바람을 일으키길 소원하며 추천합니다.

. . .

추천사 6

Rev. jin H.Oh.
MBC Foundation, CEO

칼 맥킨타이어 박사(Rev.& Dr. Carl McIntire)는 21세기의 영적 아버지로, 근본주의자(Fundamentalist)로, Faith Theologlcal Seminary, 그리고 I. C.C.C 설립자로서 위대한 사역을 하셨으며 특히 크신 애정으로 한국을 수차례 방문 하신 것을 지금도 생생하게 기억합니다.

이 귀한 책을 쓰신 조영엽 박사께 깊은 감사를 드립니다.

바라기는 이 저서가 널리 공급 되어서 단합된 모습으로 하나님의 뜻을 기필코 성취하는 하나님의 백성되기를 기도드립니다. 아멘

추천사 7

박영호 박사
사) 한국기독교보수교단협의회 대표회장

칼 맥킨타이어 박사는 세계교회협의회(WCC)에 대해서 적극적으로 반대를 추구했습니다. 주된 사상은 공산주의 사상과 자유주의 신학에 대한 배격이었습니다. 맥킨타이어 박사는 한국에 50회 이상 방문하며 한국 교회 특히 예장, 고신, 합동 교단과 대신 교단에 깊은 영향을 미쳤습니다. WCC를 배격하던 맥킨타이어 박사는 1959년 장로교가 합동과 통합으로 분리될 때 방한하여 박형룡 박사와 함께 영향력을 발휘하기도 했습니다.

1959년 맥킨타이어 박사는 합동 교단 설립과 총신대학교를 설립할 때에 재정을 지원하기도 했으며 그 후에도 I.C.C.C. 가 후원하는 재정으로 총신대학교 운영을 도왔습니다. 1963년에 백남조 장로가 사당동 산 31번지를 헌납했고, I.C.C.C. 가 교사(校舍) 건축 자금을 도와서 지금의 총신대학교 사당동 캠퍼스가 세워졌습니다. 특히, 동자동 합동총회관 건물 구입에 크게 기여했습니다. 그리고 95세인 2002년 3월 19일에 소천하였다.

맥킨타이어 박사의 신학은 박형룡 박사와 함께 보수 개혁주의 신학으로 평가되며 신학 사상 수호에 매우 전투적인 성향으로 강력한 인상을 깊게 남겼습니다. 칼 맥킨타이어 박사는 근대주의에 맞서는 우익의 저항을 조직한 지도자로서 원래 교양 있는 보수 개혁주의자인 J. 그레샴 메이천(J. Gresham Machen, 1881-1937)의 제자였습니다. 모두가 맥킨타이어 박사를 근본주의라고 매도하지만, "맥킨타이어 박사는 장로교 목사이고 성경주의자"로 존중받아야 합니다.

추천사 8

케이스 H. 콜만(Keith H. Coleman)
IBPFM 전무

다음은 요한복음의 결론입니다.

> 예수께서 행하신 일이 이 외에도 많으니 만일 낱낱이 기록된다면 이 세상이라도 이 기록된 책을 두기에 부족할 줄 아노라(요 21:25).

오늘날 많은 인쇄물과 전자 도서로 우리는 전혀 부족하지 않게 책을 이용할 수 있습니다. 그중에 어떤 것은 읽기에 유익하고 잘 요약되어 있는 반면, 다른 것은 몇 페이지를 읽는 것조차 힘듭니다. 조영엽 박사의 『신앙과 자유의 수호자 칼 맥킨타이어 박사』는 전자(前者)에 해당하는 책으로, 요즘처럼 영적으로나 도덕적으로 어두운 시대에 확실한 정보, 격려 그리고 진리를 담고 있기에 저는 강력히 추천하는 바입니다.

맥킨타이어 박사의 생애와 사역은 비평가들과 지지자들에 의해 동일한 평가를 받았습니다.

조영엽 박사는 대단한 복음 사역자의 일면을 강조하면서도 그 배후에 있는 한 사람, 한 남편, 한 아버지, 한 목사, 한 저자, 한 교회 지도자 그리고 한 기독교 정치인으로서의 맥킨타이어 박사를 독자들에게 보여 줍니다. 조영엽 박사는 맥킨타이어 박사의 가족, 지인 그리고 동역자들과의 인터뷰를 통해 독자들이 그의 비전과 그리스도의 몸을 위한 의무뿐만 아니라 한 사람의 역사에 다가가도록 안내합니다.

조영엽 박사는 오랫동안 맥킨타이어 박사를 알고 지냈으며 그가 속한 선교 기관의 이사회 회원이자 전무로서 섬겼기 때문에 저는 책과 정보의 정확성에서 독자들이 신뢰할 수 있다고 확신합니다. 비록 맥킨타이어 박사가 2002년 영광스러운 하나님 부름을 받았음에도 그의 증언은 여전히 강력하며 마음에 간직하기에 충분한 가치가 있습니다.

◆ ◆ ◆

Rev. Keith H. Coleman
Executive Director, IBPFM

The Gospel of John concludes with these words:

> And there are also many other things which Jesus did, the which, if they should be written every one, I suppose that even the world itself could not contain the books that should be written. Amen(John 21:25 KJV).

There is seemingly no shortage of books available today, either in print or electronically. Some are good reads and easy to digest, while in others we often struggle to complete the first few pages. In this case, I highly recommend McIntire: Defender of Faith and Freedom, by the Rev. Joseph Youngyup Cho, PH.D, as a volume of solid information, encouragement, and truth in a day of spiritual and moral darkness.

Dr. McIntire's life and ministry has been examined by critics and supporters alike. Dr. Cho gives the reader highlighted glimpses of this larger-than-life minister of the Gospel, taking us behind the scenes and showing us who Carl

McIntire was as a man, husband, father, pastor, author, church leader, and Christian statesman. Dr. Cho's personal interviews with family members, and those who knew and worked with Dr. McIntire, grant us access to the man's history as well as his vision and duty for the body of Christ.

Having known Dr. McIntire, and now serving as the Executive Director of the mission agency he served on as a member of its Board of Trustees, I am confident you will be blessed by the accuracy of this book and the information that it contains. Although Dr. McIntire was called home to glory in 2002, yet a powerful testimony remains, and one worthy of our consideration.

Sincerely, in Christ,
1000 Germantown Pike, B6
Plymouth Meeting, PA 19462
610.279.0952
www.praysendgo.com

Dr. Carl McIntire-Defender of Faith and Freedom
Written by Rev. Youngyup Cho(B.A., M.Div., Th.M., D.Min., Ph. D.)

All rights reserved.
Korean Edition Copyright ⓒ 2022 by Christian Literature Center, Seoul, Korea.

신앙과 자유의 수호자: 칼 맥킨타이어 박사

2022년 4월 29일 초판 발행

지 은 이	조영엽
편 집	이경옥
디 자 인	박성준
펴 낸 곳	(사)기독교문서선교회
등 록	제16-25호(1980. 1. 18.)
주 소	서울특별시 서초구 방배로 68
전 화	02-586-8761-3(본사) 031-942-8761(영업부)
팩 스	02-523-0131(본사) 031-942-8763(영업부)
이 메 일	clckor@gmail.com
홈페이지	www.clcbook.com
송금계좌	기업은행 073-000308-04-020(사)기독교문서선교회
일련번호	2022-37

ISBN 978-89-341-2416-0

이 책의 저작권은 저자가, 출판권은(사)기독교문서선교회가 있습니다.
신저작권법에 의하여 한국 내에서 보호받는 저작물이므로 무단 전재와 무단 복제를 금합니다.

신앙과 자유의 수호자
칼 맥킨타이어 박사

Dr. Carl McIntire
Defender of Faith and Freedom

저자 **조영엽** 박사 친필 저서
Rev. Joseph Youngyup Cho,
B.A., B.D., M.Div., D. Min., Ph. D. in Theology

CLC

차례

추천사   1
머리말   16

제1부 어린 시절   18
1. 출생   19
2. 유년 시절   21
3. 소년 시절   27
4. 청소년 시절   29
5. 청년 시절   30

제2부 신학 수업   34
1. 결혼   35
2. 칼 맥킨타이어 프린스턴신학교 입학   38
3. 메이천 박사와 웨스트민스터신학교 설립   59

제3부 목회 사역   62
1. 칼 맥킨타이어 박사-목사 안수받음   63
2. 칼 맥킨타이어 박사 첫 목회지(Carl's First Pastorate)-첼시아장로교회   64
3. 칼 맥킨타이어 박사의 두 번째 목회지   65
4. 미국 북장로교로부터 파면당함   67
5. 칼 맥킨타이어 박사와 콜링스우드성경장로교회   69
6. 목회를 새로 시작하다   73

제4부 목회의 특성   77
1. 칼 맥킨타이어 박사의 사택   78
2. 칼 맥킨타이어 박사 설교의 특징   81
3. 칼 맥킨타이어 박사와 성경 구절   87

제5부 칼 맥킨타이어 박사와 성경장로회(Carl McIntire & B.P.C.)   90

  1. 칼 맥킨타이어 박사와 성경장로교회(B.P.C)의 위대한 목회자 → 한 교회
    → 세계적 사역   91
  2. 메이천 박사와 맥킨타이어 박사 중심으로성경장로교(B.P.C.)
    총회창립-1937.   94
  3. 칼 맥킨타이어 박사와 페이스신학교(1937. 9.)   103
  4. 메이천 박사와 독립장로회해외선교부(I.B.P.F.M., 1933. 6. 27)   110
  5. 칼 맥킨타이어 박사와 크리스천 비콘지(Christian Beacon) 주간지(weekly)   121
  6. 칼 맥킨타이어 박사와 20세기 종교개혁의 시간   123

제6부 칼 맥킨타이어 박사와 I.C.C.C   126

  1. 칼 맥킨타이어 박사와 미국기독교연합회(A.C.C.C)   127
  2. 칼 맥킨타이어 박사와 국제기독교연합회(I.C.C.C.)   128
  3. 성경 수련회(Bible Conference Centers)   137
  4. 왜 맥킨타이어 박사는 I.C.C.C.를 창설한 후 소천 하실 때까지
    한 번도 빠짐 없이 총재직을 맡으셨는가?   138

제7부 맥킨타이어 박사와 국제관계   139

  1. 칼 맥킨타이어 박사와 목회관   140
  2. 칼 맥킨타이어 박사와 한국전쟁   147
  3. 칼 맥킨타이어 박사와 월남전쟁   149
  4. 맥킨타이어 총재와 장개석 총통과의 관계   151

제8부 맥킨타이어 박사의 말년   154

  1. 칼 맥킨타이어 박사와 한국 교회   155
  2. 칼 맥킨타이어 박사의 사모 소천(1992. 9. 17)   159
  3. 칼 맥킨타이어 박사와 자동차 사고(1993. 6. 27)   162
  4. 칼 맥킨타이어 박사의 재혼(1995년 7월)   164
  5. 칼 맥킨타이어 박사의 장례식(2002. 3. 19; 95세 소천)   165
  6. 칼 맥킨타이어 박사와 이성(異性) 문제   169
  7. 칼 맥킨타이어 박사가 남긴 교훈   171
  8. 칼 맥킨타이어 박사의 저서 목록   177

결론   178

머리말

> **칼 맥킨타이어 박사**
> Dr. Carl McIntire, 1906. 5. 17-2002. 3. 19., 95세

칼 맥킨타이어 박사는 세계적 보수(근본)주의 지도자(Fundamentalist Leader, 성경적 성별주의자[Separatist], 세계적 반공주의자[Anti-Communist], 신앙과 자유의 수호자(Defender of Faith and Freedom])였다. 그는 다음과 같이 진술했다.

> 우리는 근본주의자이다. 우리는 그 단어에 대해서 부끄러워하지 않는다. 그리고 사람들이 근본주의자로서 우리에 대해서 말할 때, 우리는 그 단어를 소유한다. … 근본주의자는 기독교인이다. 나 칼은 이 시간에 그리고 지난 50년 동안 공격을 받아온 신앙의 근본 진리를 믿는다.[1]

칼 맥킨타이어 박사는 자유주의와 신복음주의와의 타협을 심하게 비판하고 경건주의적 청교도적 신앙을 강조하였다. 그는 안식일(주일: Load's day) 준수를 강조하고 음주, 흡연, 가무 등을 금지하였다. 그는 초기 한국 선교사들의 신앙과 두 위대한 신학자 박형룡과 박윤선과도 일치하여 한국 교회를 세우는데 많은 기여를 하였다.

---

1 Carl McIntire, *Twentieth Century Reformation*(Collingswood: Christian Beacon Press, 1944),4-5.

필자는 나의 위대한 스승이신 칼 맥킨타이어 박사의 생애와 사상을 기록하여 후대에 그의 업적을 남기고자 한다.

이일에 함께 도움을 주신 김형주 강도사와 사랑하는 사모(Mrs. Cho, 홍영희)에게 감사를, 모든 영광을 하나님께 돌린다.

제1부

어린 시절

1. 출생(Birth)
2. 유년 시절(Days of Childhood)
3. 소년 시절(Preteen Years)-Boy Scout
4. 청소년 시절(Teenage Years)
5. 청년 시절(Days of Youth : College years)

1

출생
(Birth)

칼 맥킨타이어 박사는 당시 아버지가 목회하는 미국 미시간주 입실란티(Ypsilanti, Mi.)에서 북장로교(N.P.C.) 목사 찰스 컬티스 맥킨타이어(Charles Curtis McIntire; 1878-1992)와 어머니 헤티 사이에서 한 작은 사택에서 4남매(아들 3, 딸 1) 중 맏아들로 1906년 5월 17일에 태어났다. 그리고 아버지로부터 유아세례를 받았다.

칼 맥킨타이어 박사가 세례받은 미시간주 입실란티 제1장로교회
(First Presbyterian Church, Ypsilanti, MI, where Carl was baptized.)

칼 맥킨타이어 박사는 매우 경건한 목회자의 가정에서 태어났다. 할머니는 촉토 인디안(choctaws)을 대상으로 선교 활동을 했다. 칼 맥킨타이어 박사의 아버지 찰스 컬티스 맥킨타이어 목사와 어머니 헤티 맥킨타이어 (Hettie McIntire) 사이에 맏아들 칼(Carl), 둘째, 딸 헬렌(Helen), 셋째, 아들 블레어(Blair), 넷째, 아들 포레스트(Forrest) 등 3남 1녀를 낳았다.

칼 맥킨타이어 박사의 아버지
찰스 컬티스 맥킨타이어
(Carl's father,
Charles Curtis McIntire)

칼 맥킨타이어 박사의 사랑하는
어머니 헤티 맥킨타이어
(Carl's beloved mother,
Hettie McIntire)

2

유년 시절
(Days of Childhood)

칼 맥킨타이어 박사의 네 형제자매는 물고기도 같이 잡고, 다람쥐도 같이 잡고, 사냥도 같이하며 자라났다. 칼(Carl)은 특히 여동생 헬렌을 잘 보살펴주었다. 칼 맥킨타이어 박사는 어머니를 존경하고, 어머니의 말씀을 귀담아듣고 순종하였다. 온 가족은 스코틀랜드장로교회(Scotland Presbyterian) 전통에 따라서 잠들기 전, 성경 말씀을 읽고, 기도하고, 일찍이 잠자리에 들고, 일찍이 일어나 등교하였다.

왼쪽부터 포레스트, 블레어, 헬렌, 칼 맥킨타이어(1914년)-8세 때
(From left Forest, Blair, Helen, Carl McIntire.)

칼의 여동생 헬렌은 다음과 같이 간증하였다

> 우리는 귀리(Oatmeal)를 먹고, 다람쥐(squirrel)도 잡고, 물고기(fishes)도 잡으며, 가난했으나 가난한 줄도 모르고 자랐고, 웨스트민스터 신앙고백서 소요리문답(Shorter Catheism of Westminter Confession of Faith)을 암송하면서 성장하였다.

칼 맥킨타이어 박사의 아버지는 구(old) 프린스턴신학교를 졸업한 보수(근본)주의 목사이며, 그의 어머니는 잠언서(Proverbs)를 암송한 경건한 여성도로서 칼 맥킨타이어와 동생들을 매우 엄하게 그리고 경건하게 키웠다.

스코틀랜드장로교회(Presbyterian Church of Scotland) 전통을 이어받아 매일 가정예배(Family Worship)를 드리고, 매일 성경을 읽고, 찬송가를 불렀다. 어려서부터 웨스트민스터 신앙고백서, 소요리문답을 암송하였다.

칼 맥킨타이어 박사의 어머니 헤티 맥킨타이어(Hette McIntire)는 항상 자녀들에게 잠언서의 말씀들을 가르치고, 묵상하고, 암송하고, 지키도록 하였다. 잠언서는 자녀들 교육에 가장 필요한 하나님의 말씀이다. 따라서 이 잠언서를 자녀들에게 가르치고, 암송하고, 묵상하고, 지키도록 하라고 교훈하였다.

> 내 아들아 네 아비의 훈계를 들으며, 네 어미의 법을 떠나지 말라(잠 1:8).
> (My son, hear the instruction of your father, And do not forsake the law of your mother.)
> (영어 성경은 뉴킹제임스역 N.K.J.V.을 병기함)

> 내 아들아 그들과 함께 길에 다니지 말라, 네 발을 금하여 그 길을 밟지 말라, 대저 그 발은 악으로 달려 가며 피를 흘리는데 빠름이니라(잠 1:15).

(My son, walk not thou in the way with them; refrain thy foot from their path: For their feet run to evil, and make haste to shed blood.)

악인의 집에는 여호와의 저주가 있거니와, 의인의 집에는 복이 있느니라(잠 3:33).
(The curse of the LORD [is] in the house of the wicked: but he blesseth the habitation of the just.)

의인의 열매는 생명 나무라, 지혜로운 자는 사람을 얻느니라(잠 11:30).
(The fruit of the righteous [is] a tree of life; and he that winneth souls [is] wise.)

스스로 부한 체하여도 아무 것도 없는 자가 있고, 스스로 가난한 체하여도 재물이 많은 자가 있느니라(잠 13:7).
(There is that maketh himself rich, yet [hath] nothing: [there is] that maketh himself poor, yet [hath] great riches.)

초달을 차마 못하는 자는 그 자식을 미워함이라, 자식을 사랑하는 자는 근실히 징계하느니라(잠 13:24).
(He that spareth his rod hateth his son: but he that loveth him chasteneth him betimes.)

유순한 대답은 분노를 쉬게 하여도, 과격한 말은 노를 격동하느니라, 지혜 있는 자의 혀는 지식을 선히 베풀고 미련한 자의 입은 미련한 것을 쏟느니라(잠 15:1).
(A soft answer turneth away wrath: but grievous words stir up anger, The tongue of the wise useth knowledge aright: but the mouth of fools poureth out foolishness.)

거만한 자는 견책 받기를 좋아하지 아니하며, 지혜 있는 자에게로 가지도 아니하느니라 (잠 15:12).

(A scorner loveth not one that reproveth him: neither will he go unto the wise.)

마음의 즐거움은 얼굴을 빛나게 하여도, 마음의 근심은 심령을 상하게 하느니라 (잠 15:13).

(A merry heart maketh a cheerful countenance: but by sorrow of the heart the spirit is broken.)

너의 행사를 여호와께 맡기라, 그리하면 너의 경영하는 것이 이루리라(잠 16:3).

(Commit thy works unto the LORD, and thy thoughts shall be established.)

지혜를 얻는 것이 금을 얻는 것보다 얼마나 나은고, 명철을 얻는 것이 은을 얻는 것보다 더욱 나으니라(잠 16:16).

(How much better [is it] to get wisdom than gold! and to get understanding rather to be chosen than silver!)

교만은 패망의 선봉이요, 거만한 마음은 넘어짐의 앞잡이니라(잠 16:18).

(Pride [goeth] before destruction, and an haughty spirit before a fall.)

백발은 영화의 면류관이라, 의로운 길에서 얻으리라(잠 16:31).

(The hoary head [is] a crown of glory, [if] it be found in the way of righteousness.)

노하기를 더디하는 자는 용사보다 낫고, 자기의 마음을 다스리는 자는 성을 빼앗는 자보다 나으니라(잠 16:32).

([He that is] slow to anger [is] better than the mighty; and he that ruleth his spirit than he that taketh a city.)

마른 떡 한 조각만 있고도 화목하는 것이 제육이 집에 가득하고도 다투는 것보다 나으니라(잠 17:1).
(Better [is] a dry morsel, and quietness therewith, than an house full of sacrifices [with] strife.)

젊은 자의 영화는 그의 힘이요, 늙은 자의 아름다움은 백발이니라(잠 20:29).
(The glory of young men [is] their strength: and the beauty of old men [is] the gray head.)

많은 재물보다 명예를 택할 것이요, 은이나 금보다 은총을 더욱 택할 것이니라(잠 22:1).
(A [good] name [is] rather to be chosen than great riches, [and] loving favour rather than silver and gold.)

마땅히 행할 길을 아이에게 가르치라, 그리하면 늙어도 그것을 떠나지 아니하리라(잠 22:6).
(Train up a child in the way he should go: and when he is old, he will not depart from it.)

아이의 마음에는 미련한 것이 얽혔으나, 징계하는 채찍이 이를 멀리 쫓아내리라(잠 22:15).
(Foolishness [is] bound in the heart of a child; [but] the rod of correction shall drive it far from him.)

아이를 훈계하지 아니치 말라, 채찍으로 그를 때릴지라도 죽지 아니하리라(잠 23:13).
(Withhold not correction from the child: for [if] thou beatest him with the rod, he shall not die.)

대저 의인은 일곱번 넘어질지라도 다시 일어나려니와, 악인은 재앙으로 인하여 엎드러지느니라(잠 24:16).
(For a just [man] falleth seven times, and riseth up again: but the wicked shall fall into mischief.)

아비를 조롱하며 어미 순종하기를 싫어하는 자의 눈은 골짜기의 까마귀에게 쪼이고 독수리 새끼에게 먹히리라(잠 30:17).
(The eye [that] mocketh at [his] father, and despiseth to obey [his] mother, the ravens of the valley shall pick it out, and the young eagles shall eat it.)

입을 열어 지혜를 베풀며 그 혀로 인애의 법을 말하며, 그 집안 일을 보살피고 게을리 얻은 양식을 먹지 아니하나니, 그 자식들은 일어나 사례하며 그 남편은 칭찬하기를, 덕행 있는 여자가 많으나 그대는 여러 여자 보다 뛰어난다 하느니라(잠 31:26-29).
(She opens her mouth with wisdom, And on her tongue is the law of kindness. She watches over the ways of her household, And does not eat the bread of idleness. Her children rise up and call her blessed; Her husband also, and he praises her: Many daughters have done well, But you excel them all.)

3

소년 시절
(Pre-teen years)

1. Boy Scout

칼 맥킨타이어 박사는 어린 시절에 미시간주 입살란티(Ypsilanti, Mi.)에서 오클라호마주 듀란트(Durant, Okla.)로 이사가 그곳에서 청소년 시절을 보내며 성장하였다.

칼(Carl)은 12세 때 Boy Scouts에 가입하고, Boy Scout Uniform을 매우 좋아했다. 규칙적 생활, 절도 있는 생활의 모범생이었다. 칼은 Boy Scouts의 최고 훈장인 Eagle Scout를 받을 때까지 Boy Scouts에 있었다.

2. 십일조(Tithe) 생활

칼 맥킨타이어 박사가 고학하며 처음으로 했던 돈 받는 일은 목화(cotton)를 따는 일로, 온종일 목화를 따고 1달러($1)를 받았다. 받은 돈은 전부 어머니께 드리고, 어머니는 칼(Carl)에게 받은 1/10을 돌려주고, 칼은 1/10을 하나님께 십일조(Tithe)로 드렸다. 그리고 주일도 철저히 성수하였다.

만군의 여호와가 이르노라 너희의 온전한 십일조를 창고에 들여 나의 집에 양식이 있게 하고 그것으로 나를 시험하여 내가 하늘 문을 열고 너희에게 복을 쌓을 곳이 없도록 붓지 아니하나 보라(말 3:10).

(Bring all the tithes into the storehouse, That there may be food in My house, And try Me now in this, Says the LORD of hosts, If I will not open for you the windows of heaven And pour out for you such blessing That there will not be room enough to receive it.)

4

청소년 시절
(Teenage years)

칼 맥킨타이어 박사는 고등학교 시절에 장학금으로 공부하고, 총학생회 회장으로 졸업하였다.

칼 맥킨타이어 박사는 어려서부터 어머니와 대화를 많이 하였다. 어머니와 멀리 떨어져 있을 때는 편지로 매주 수요일과 주일에 자기 생각과 경험을 이야기하는 생활 습관을 지녔다.

칼 맥킨타이어 박사의 어머니는 Southeastern State Teachers College(남동주립교원대학; 지금의 오클라호마주립대학교) 학생처장과 학감으로 있었다.

칼 맥킨타이어 박사는 오클라호마주 듀란트(Durant)에서 고등학교를 졸업하고, 어머니가 근무하는 사우스이스턴대학교에 입학하여 다니다가 좀 더 나은 교육 환경의 미주리주 캔자스시티 소재 파크대학[1]으로 전학했다, 그는 장학금으로 공부하고, 졸업반에서는 총학생회장(President of Student Body)이 되었으며, 1927년 교사 교육으로 학사 학위(B.A.)를 받았다.

---

[1] 파크대학(Park College)은 장로교 계열 학교로, 처음에는 주로 미국 중서부 지역 장로교 선교사 후보자 교육을 위해 1875년에 세워졌다. 선천 신성중학교와 평양 숭실전문학교 교장을 역임한 인물로 유명한 조지 매큔(George Shannon McCune, 윤산온, 1872~1941) 선교사, 그의 제자이자 한국 교회사의 선구적 학자로 연세대 총장을 역임한 백낙준(1895~1985)도 이 학교 출신이었다. 중서부 지역의 신실한 장로교 가문 출신 학생이 선교사, 또는 교육자나 목회자, 변호사, 의사 등의 전문 직업으로 진출하기 전에 다니던 대학으로 기독교 배경의 대학 교육을 맥킨타이어 박사도 받았다.

5

청년 시절
(Days of Youth: College years)

1. 칼 맥킨타이어와 페어리 데이비스(Fairy Davis) 만나다

칼 맥킨타이어 박사는 대학 시절부터 미국을 위대한 국가로, 참된 자유를 보전하기 위한 꿈(dream)을 품었다. 칼은 "아들아! 너는 언제나 예수 그리스도와 나라를 위하여 항상 순교할 각오를 하여야 한다"는 어머니의 교훈을 마음속 깊이 간직하고, 신앙 문제, 교회와 사회의 제반 문제들(Issues)에 대하여 직접 깊이 활동하기 시작했다.

파크대학(Park College)의 역사 교수(History Professor)는 입학 첫날 입학시험 성적을 발표하였다. 입학 수석 학생은 95점을 받은 페어리 데이비스(Fairy Davis)인데, 노란 스웨터를 입은 검은 머리카락의 얌전한 여학생이었다. 페어리(Fairy)는 텍사스(Texas)주에서 온 여학생으로 온 가족은 남침례교(southern Baptist Church)인들이요, 페어리(Fairy)는 거듭난 중생한 그리스도인이요, 그의 온 가족도 주님을 구주(personal Savior)로 영접하였다.

2. 페어리(Fairy)와 순수한 교제(a pure fellowship)

　칼 맥킨타이어 박사는 페어리(Fairy)에게 시선이 쏠리고, 마음이 사로잡혔다. 페어리(Fairy)는 대학도서실(College Llibrary)에서 많은 시간을 보냈으며, 칼도 도서실을 떠나지 않았다! 칼은 페어리(Fairy)를 열애하나 직접 교제를 제의하기에는 마음이 떨렸다.
　칼 맥킨타이어 박사의 여동생 헬렌(Helen)이 오빠 칼(Carl)과 페어리(Fairy)가 교제하도록 주선하였으며, 페어리(Fairy)는 그 제의를 받아들였다. 칼 맥킨타이어와 페어리(Fairy)는 매 주일 오후에 6마일(약 9.6km)씩 떨어진 서로의 집을 걸으며 데이트(date)를 즐겼다. 대학 학창 시절에 이미 결혼하기로 마음을 정하고 순수한 교제를 하였다.

3. 토론팀(Debating Team): 칼과 페어리

　교수는 페어리(Fairy)에게 토론팀(Debating Team)에 참여(join)하도록 권유하였다. 칼 맥킨타이어 박사는 이미 Debating Team의 일원이었다. 칼과 페어리(Fairy)는 서로 partner(같은 팀)로 또는 opponent(상대팀)로 열정적으로 토론하였다. 칼은 국제 변호사(an international lawyer)가 되기로 하고, 그 방향으로 공부하였다.
　여름방학 기간에는(Summer Job) 일을 하였다. 당시 칼은 학생 생활에서 필요한 돈이나 교통비도 없어, 대학과 교회에서 청소부(janitor) 일을 하고, 한 달에 25달러씩(25$) 벌었다. 여름방학 때에는 인디애나주 인디아나 폴리스(Indianapolis, Indiana) 소재 전국지도회사(The National Map Co.)에서 발행하는 4x7 크기의 벽걸이 지도를 한 장에 3.95달러씩 집마다 방문판매했다.

4. 칼(Carl)은 파크대학 총학생회 회장으로, 페어리(Fairy)는 우수 장학생으로 졸업

칼 맥킨타이어 박사는 파크대학(Parksville, MI.) 졸업 학년 때 목회자가 되기로 결정적으로 결심하였다. 그의 마음은 벅차올랐다. 그는 어머니에게 장문의 편지를 썼다. 칼 맥킨타이어 박사는 졸업 학년 때 총학생회 회장으로 선출된 것을 기뻐했으며, 그는 대학 졸업식에 학생 대표로 연설하기 위하여 새 정장(a new suit)을 입고, 학사 학위(B.A.)를 받았다. 그리고 페어리(Fairy)는 우수 장학생(Valedictorian)으로 졸업하였다.

칼 맥킨타이어 박사는 파크대학에서 중요한 시간을 보냈다.

(1) 페어리(Fairy)를 만났고,
(2) 학생회 회장으로 선출되었으며,
(3) 목회자의 길을 가기로 소명 받았으며,
(4) 프린스턴신학교(Princeton Theological Seminary)에 입학하게 되었다 (1928).

5. 어머니와의 친밀한 관계

칼 맥킨타이어 박사의 어머니 헤티 학킨 맥킨타이어(Hettie Hotchkin McIntire, 1879-1955; 76세)는 사랑하는 아들 칼 맥킨타이어 박사가 어머니에게 보낸 여러 편지 중 자신이 보관해둔 한 편지에 다음과 같은 글이 들어 있다.

어머니! 나는 이 사람들(위인전)을 공부하면서 나는 참으로 가슴 떨림을 느꼈습니다. … 때때로 나는 마치 주님이 저에게 말씀하시는 것처럼 나는 세상이 필요로 하는 인물이 되리라고 생각하면 나는 감개무량 합니다. 어머니! 내가 돌이켜 보면, … 나를 어려서부터 훈련해 주시고, 어머니의 비할 수 없는 영향을 저에게 주신 것을 실감합니다.

어머니의 사랑하는 아들 칼(Your loving son, Carl) 드림

6. 어머니께 쓴 또 다른 한 편지

내가 목회자가 되는 것은 나의 임무(duty)요 소명(calling)입니다. 내가 목사가 빨리 되면 될수록 나는 더욱 행복할 것입니다(I really feel that it is my duty and my life calling to be a minister, and the sooner I can get into it, the sooner I will be happy.).

칼 맥킨타이어 박사는 미조리주 파크빌(Parkville)에 있는 장로교 계통 파크대학(Park College)에 입학하여 총학생회 회장으로 졸업(B.A.)하고, 목회자의 길을 걷기로 하였다.

칼 맥킨타이어 박사는 메이천 박사의 저서 『신앙은 무엇인가?』(*What Is Faith?*, 1925)를 탐독하고, 프린스턴신학교에 입학하기로 하였다. 칼 맥킨타이어 박사는 다른 어떤 책보다 이 책에서 큰 감화와 영향을 받았다.

제2부

신학 수업

1. 결혼(Marriage)
2. 칼 맥킨타이어 프린스턴신학교(Princeton Theological Seminary)에 입학-메이천 박사의 수제자가 됨-1928년(22세)
3. 메이천 박사 웨스트민스터신학교 설립
   (Dr. Machen founded Westminster Theolo gical Seminary)

1

결혼
(Marriage)

칼(Carl)은 파크대학 총학생회 회장 시절 목회자가 되기로 마음에 작정하고, 페어리 유니스 다비스(Fairy Eunice Davis)는 목회자의 좋은 아내가 될 것을 확신하였다. 칼은 자신과 결혼할 것을 여동생 헬렌(Helen)을 통하여 청혼(propose)하였고, 페어리(Fairy)는 청혼을 받아들였다.

1931년 5월 27일 칼의 나이 25세 때 페어리 유니스 다비스(Fairy Eunice Davis)와 결혼하였다. 파크대학(park college) 학창시절에 결혼을 전제로 교제를 시작한 지 만 4년이 지난 후였다. 물론 맏아들 칼의 결혼식 때 어머니 해티 맥킨타이어는 결혼식에 참석하였다.

칼은 파크대학 졸업, 프린스턴신학교 입학, 웨스트민스터신학교를 졸업할 때까지 참 목회자가 되기 위한 준비를 착실히 해왔으며, 페어리(Fairy)는 목회자의 아내가 되기 위한 준비를 착실히 해왔다.

페어리는 듀란트(Durant)고등학교에서 학생들을 가르치는 바쁜 일정을 보내면서도 거의 매일같이 사랑의 편지로 꿈과 이상을 공유했다. 칼이 결혼식 때 페어리에 끼워준 다이아몬드 반지(Diamond Ring)는 최상급으로 당시 1,000달러 상당이었다.

칼은 신혼여행을 하면서 "페어리는 내가 생각해 온 꿈보다 훨씬 더 사랑스럽습니다(sweeter). 우리는 틀림없이 행복할 것입니다. 참으로 우리는 서로 사랑합니다"라는 내용의 편지를 아내와 자신의 사인(signature)을 적어 어머니에게 보냈다.

맥킨타이어 부부는 뉴저지의 콜링스우드(Collingswood, New Jersey)에서 35년간 살면서 세 자녀를 낳았다.

맥킨타이어와 페어리 결혼사진 1931년

첫째 딸: 마리아나(Mariana, 1932)는 Raymond Clark와 결혼하여 4자녀를 두었다. 마리아나는 Shelton College(B.A.), Columbia Univ.(M. A.), Shelton College 교수를 역임했으며 재능있는 화가이다. 현재는 뉴저지주에 살고 있다.

둘째 딸: 샐리 셀레스테(Sally Celeste, 1936)는 Keith Bashaw와 결혼하여 5남매를 두었다.

셋째 아들: 칼 토마스(Carl Thomas, 1939)는 4남매를 두었다. 일명 칼 2세(Carl Junior)라고도 불렀다. 그는 캐나다 토론토대학교 역사/종교학부 교수. 1963년에는 ICY(International Christian Youth): 국제기독교연합회(I.C.C.C.)에서 청년부를 담당했다.

칼 맥킨타이어 박사의 첫째 딸 마리아나(Mariana)의 증언, 곧 목회자 자녀의 증언이다.

> 아버지는 전적으로 헌신하는 목사님이셨습니다. 아버지는 가정에서나 밖에서나 항상 주님께 헌신하셨습니다. 아버지는 집에서도 결코 위선적이지 않으셨습니다. 아버지는 가정에서나 외부에서나 항상 같은 사람이었습니다. 아버지는 항상 좋은 품행(예의)를 강조하셨습니다.
> 아버지는,
> 너희는 너희 어머니가 묻는 말에 어떻게 대답하여야 하는가?
> 우리는 예(Yes)라고 대답하고, 즉시 순종해야 한다라고 교훈하셨습니다. 그리스도에 대한 어머니의 사랑, 기독교에 대한 신앙, 어머니의 애국심, 전통적인 미국의 가치에 대한 신앙이 어머니 생애의 중심 힘(Power) 이었습니다 ….

본받을 가정! 행복한 가정!(Happy Christian Home)이다.

2

칼 맥킨타이어 프린스턴신학교 입학
(메이천 박사의 수제자가 됨-1928년, 22세)

프린스턴신학교(Princeton Theological Seminary)가 처음 설립 때는 뉴저지대학(the College of New Jersey)으로 시작하여 1812년 프린스턴신학교로 명칭을 개정했다.

프린스턴신학교에는 우수한 교수들이 있었다.

(1) 찰스 하지 박사
(2) 메이천 박사
(3) 월필드 박사 박사
(4) A. A. 하지 박사
(5) 코넬리우스 반틸 박사

1. 찰스 하지(Charles Hodge, 1797-1878년) 박사
(조나단 에드워즈[Jonathan Edwards] 이후로 가장 위대한 칼빈주의 교의신학자로서 [조직신학, *Dogmatic theology*]을 썼다.)

찰스 하지 박사는 미국 펜실베이니아주 필라델피아(Philadelphia)에서 태어났다. 그는 뉴저지대학(New Jersey College-후에 프린스턴대학교로 개칭)에서 공부하였으며(1815년) 그곳에서 부흥사경회 기간에 회심하게 되었다.

1819년에는 프린스턴신학교(Prin- ceton Seminary)를 졸업했고 1822년에 새라와 결혼했다.

1) 독일 유학

찰스 하지 박사는 프린스턴신학교가 설립된 지 10년 후 그리고 자신이 졸업한 지 3년 후 1822년부터 1826년까지 성경 문학을 강의한 후, 현대 신학 사조의 부족한 지식을 더 얻기 위하여 독일로 유학을 갔다. 그는 독일에 2년 유학하는 동안(1826-1828년) 할레(Halle)에 있는 독일의 경건주의(Pietism, 독일 루터파의 일부), 칸트(Immanuel Kant) 이후의 철학, 슐라이어마허(Fredrich Schleiermacher)의 사색적, 경험적 신학 그리고 동유럽 나라들의 부흥에 대하여 관찰하고 귀국하여 1878년 세상 떠날 때까지 프린스턴에서 지식적으로, 도덕적으로 정통 신학과 경건 생활을 강조하며 교수하였다.

2) 프리스턴지 발행

하지 박사의 지도하에 「프린스턴지」(Princeton Review)를 발행하기 시작하였는데, 이 학교 기관지는 구파(Old School)의 칼빈주의를 변호하고, 보수 신앙을 수호하는 일에 크게 공헌하였다.

좀 더 구체적으로 말하면 그는 독일에서 시작된 성경 비평(biblical criticism)에 도전하여, 성경의 축자영감(verbal and plenary inspiration)을 주장하였으며, 인간의 전적 부패와 무능을 부인하고 인간의 능력으로 구원 얻을 수 있다고 주장하면서 알미니안주의(Arminianism)를 회복시키려는 회중교회의 신학자 테일러(Nathaniel William Taylor)의 일명 실천 신학(New Heaven Theology)에 도전하여 인류의 시조인 아담·하와의 범죄(교만, 불신앙, 불순종)와 타락 이후로, 사람은 영적으로는 전적으로 부패하고 무능하므로 인간의 자력(自力) 구원이 불가능하다고 주장했다.

3) 이신득의

오로지 예수 그리스도의 대리적 속죄의 공로를 믿음으로만 구원을 받을 수 있다는 이신득의(Salvation by Faith in Jesus Christ)의 교리를 변호할 뿐만 아니라, 당시 유명한 부흥사 찰스 피니(Charles Finney)의 주장, 즉 사람 자신이 회개할 능력이 있으며, 회심으로 사회를 개혁하고, 하나님의 지상 왕국(Utopia on Earth)을 건설할 수 있다는 알미니안주의적 인본주의를 반대하고, 칼빈주의 신학을 변호하였다.

찰스 하지 박사는 장로교 교단 내에 흐르는 두 신학 사조 중에서 보수주의 신앙을 가진 구파(Old School)를 전적으로 지지하였다.

4) 찰스 하지 박사의 저서

(1) 『로마서 주석』(1835)-1880년 19판
(2) 『생명의 길』(1841-미국 주일학교를 위한 평신도 신학)
(3) 『에베소서 주석』(1856)
(4) 『고린도전서』(1857)
(5) 『고린도후서』(1859)
(6) 『조직신학 3권』(1871-1873)
(7) 『다윈주의(Darwinism)는 무엇인가?』(1873)
(8) 『교회 정치 논의』(1878)

특히, 그의 저서 중 3권으로 된 『조직신학』은 그가 1860년대 초부터 20년 이상 강의한 노트들(notes)을 집대성한 대작이다.

19세기 유럽과 미국 대륙의 프로테스탄트(개신교) 칼빈주의적 정통 신학의 주류(main stream)는 프린스턴신학교였으며, 프린스턴신학교하면 찰스 하지(Charles Hodge) 박사였다. 찰스 하지 박사는 존 칼빈(John Clavin) 이후로, 네덜란드의 바빙크, 미국의 월필드 박사, 댑니, 메이천 등과 더불어 가장 위대한 보수신학자 중의 한 사람이었다.

찰스 하지 박사가 당대와 후세에 미치는 신앙적, 신학적 영향이란 매우 지대하다. 찰스 하지에게 배운 3천 명이 넘는 학생 중에는 후에 장로교 총회장이 된 인물만 50명이 넘었고 해외선교사가 170명 이상이었다. 그러기에 1872년 그의 신학교 교수직 50주년 기념일에는 그를 존경하여 동네 상점들도 문을 닫았다(참고서적 : David F. Wells, *Reformed Theology in America*, pp. 39-64, Mark A. Noll, The Princeton Theology, pp. 107-185, Daniel G. Reid, ··· Dictionary of Christianity in America, pp. 537-538, J. D. Douglas, *Who's who in Christian History*, p. 323).

2. 메이천(J. Gresham Machen) 박사

(미국 장로교 근본[보수]주의 신학자, 변증가, 교육가, 옛 프린스턴신학교 신약학 교수)

메이천 J. Gresham Machen(1881-1937)

1881년 7월 28일 메릴랜드주 발티모어시(Baltimore, MD.)에서 출생했고 1937년 1월 1일 북 다코다주 비스막(Bismarck, N. Dakota)에서 폐렴(pneumonia)으로 55세에 소천하였다.

메이천 박사는 웨스트민스터신학교 설립자 및 초대 교장. 미국독립선교부 해외선교부(I.B.P.F.M.) 설립 및 초대 회장이었다.

메이천 박사는 1881년 7월 28일 미국 동부 메릴랜드주 발티모어(Baltimore, Md.)에서 아버지 아터 웹스터 메이천(Arthur Webster Machen)과 어머니 매리 존스 그레샴(Mary Jones Gresham) 사이에서 부유한 변호사의 3형제 중 2남으로 태어났다. 그의 어머니도 남부 조지아(Georgia)주의 저명한 가문의 딸이었다. 아버지는 부유한 변호사로 성공한 교인이었으며, 그의 어머니는 장로교의 독실한 교인이었다. 메이천 박사는 그의 생애에 부모의 영향을 크게 받았다.

메이천 박사의 어머니는 메이천이 어릴 때부터 웨스트민스터 신앙고백서 소요리문답(Shorter Catechism of the Westminster Confession of Faith)을 철저히 가르치고 암송하게 했다. 온 가족은 프랭클린가 장로교회(Franklin Street Presbyterian Church)에 출석하였다. 메이천 박사는 교양있는 부유한 가정에서 성장하였기 때문에 어려서부터 라틴어와 헬라어, 그리고 피아노를 배웠다.

그는 특히 라틴어와 헬라어 실력이 뛰어났다. 그리하여 그의 저서 『초보자들을 위한 신약헬라어』(N.T. *Greek for Beginners*)는 지금도 전 세계 유명 신학교에서 교과서로 사용되고 있다. 메이천 박사의 조상은 영국계로서 미국에 이민 온 이후 주로 버지니아주와 조지아주(Virginia and Georgia States)에서 살았다.

메이천 박사는 사립학교에서 교육을 받은 후, 존스홉킨스대학교(John's Hopkins Univ.)에 입학하여 고전문학 전공으로 우등생으로 공부하고, 1901년 수석으로 졸업한 후에도 1년간 더 유하면서 당시 미국의 저명한 고전문학자 바실 랜뉴 길더슬리브(Basil L. Gildersleeve)의 지도를 받으면서, 대학원 과정을 밟았다.

그는 그다음 해(1902년 9월)에 프린스턴신학교(Princeton Theo. Sem.)에 입학하여 신학사(B.D.) 과정을 마치는 동안(1905년), 프린스턴대학교에서도 철학 석사(M.Ph.) 학위를 취득하였다. 그는 프린스턴신학교 재학 시절, 특히 월필드(B. B. Warfield) 교수와 패튼(Francis Patton) 교수로부터 칼빈주의 보수 신앙에 대한 많은 영향을 받았다. 메이천 박사는 월필드 박사를 매우 존경하였다. 그는 또 헬라 문학에도 관심이 많았으므로 졸업 반 시절에는 선택과목으로 신약학 교수 윌리엄 팍 암스트롱(William Park Armstrong)의 '신약'을 수강하였다.

메이천 박사의 재능과 실력을 인정한 암스트롱 교수는 메이천에게 독일로 유학할 것을 권유하였고, 메이천 박사는 1905년 가을 신약학 분야에서 받은 상에 딸린 포상금으로 신학을 더 연구하기 위하여 독일로 떠났다.

1) 독일에서 자유주의 신학과 충돌(1905)

메이천 박사는 마르부르크대학교(Marburg Univ.)에서 바이스(Johannes Weiss), 윌리허(Adolf Jülicher), 헤르만(Wilhelm Hermann) 교수들의 자유주의 신학에 잠깐 매료되었고, 괴팅겐(Göttingen)대학에서는 부셋(W. Bousset) 같은 자유주의자들 밑에서 공부하였다. 그러나 독일에서 받은 자유주의 신앙 사조를 떨쳐버리는 데에는 8년이란 세월이 걸렸다. 점차 종교적 자유주의가 정통 기독교와는 거리가 먼 것을 확인하게 되었고, 종교적 자유주의에 반대하여 근본주의에 굳게 설 것을 결심하게 되었다.

2) 프린스턴신학교 교수

메이천 박사는 모교인 프린스턴신학교에 돌아와 1906-1914년에 신약학 강사(Instructor in the N.T.)로 강의하였다.

1914-1929년에 조교수로, 그는 자신이 맡은 일에 전적으로 헌신하여 탁월한 신학자, 교수, 설교자로 점점 각광을 받게 되었다. 그는 미국남장로교(S.P.C.) 소속이었으나, 1914년 목사 안수를 받으면서 미국 북장로교회(N.P.C.; 당시엔 미국연합장로교 U.P.C.)로 옮겼다. 그는 신학교 강사로 있

으면서도 안수는 1914년에 가서야 받았다.

3) 영적 논쟁

그때에는 미국의 많은 교회(교파들)가 종교적 자유주의자들(Liberal)과 역사적 기독교 신앙을 수호하는 근본주의자(Fundamentalist)들 사이에 영적, 신앙적, 신학적 논쟁이 심할 때였다. 물론 장로교와 장로교의 대표적 신학교였던 프린스턴신학교도 예외는 아니었다.

4) 자유주의 신학 득세

1914년 패턴(Francis Landey Patton) 교장이 퇴임하고, 후임으로 스티븐슨(J. Ross Stevenson)이 신학교 교장으로 취임한 이후부터 점점 자유주의자들이 득세하게 되었다. 장로교 내의 자유주의자들은 세월이 갈수록 점점 득세하여 심지어 기독교의 근본 교리들마저 부인하는 지경에 이르렀다.

그러므로 미국 북장로교총회는 1910년 1916년 1923년 등 3번의 총회에서 기독교의 근본 교리들을 재확인하였다.

그러나 1924년 1월 1,274명의 자유주의자들은 기독교의 근본 교리들은 하나의 학설(Theory)이요 교리(Doctrine)가 아니라고 주장하면서 소위 어번확인서(Auburn Affirmation)를 발표하게 되었다.

5) 어번 확인서(Auburn Affirmation, 1924년)

미국 북장로교총회는 1910년, 1916년, 1923년 등 3번에 걸쳐서 기독교의 근본 교리들을 재확인하였으나, 1924년 1월에 자유주의자 1,274명이 예수 그리스도의 육체적 부활은 교리가 아니라 하나의 학설(theory)이라고 선언하고 서명날인하여 온 천하에 자신들의 불신앙을 드러냈다.

이 문서를 어번 확인서(Auburn Affirmation)라고 하는 이유는, 이 불신앙 고백서가 뉴욕주 어번시(Auburn, N.Y.)에서 탄생되었기 때문이다. 어번 선언자들은 웨스트민스터 표준서의 특정한 해석을 요구하는 것은 교회의 일치와 역사적 자유를 위험하게 하는 것으로 주장하였다.

자유주의자들은 어번 확인서에서 다음과 같이 주장했다.

① 예수 그리스도의 동정녀 탄생 부인
② 성경의 무오성 부인
③ 예수와 세상 끝날 성도들의 육체적 부활 부인
④ 대리적 속죄의 죽음 부인
⑤ 예수 그리스도의 재림 등을 교리(doctrine)가 아니라,
　하나의 학설(theory)이라고 했다.

그토록 배교가 극심하므로 메이천(Dr. Machen) 박사를 중심으로 한 보수 근본주의 신앙의 사람들은 성경적 성별의 원리(principle of biblical separation)에 의하여 1929년 드디어 자유주의자들로부터 떠나 성별하게 되었다.

6) 저서 활동

이러한 불신앙과 배교가 활개를 칠 때 메이천 박사는 『기독교와 자유주의』(Christianity and Liberalism, 1923)라는 책을 썼고, 1930년에는 학술 저작 『그리스도의 동정녀 탄생』(The virgin Birth of Christ)은 기독교의 정통 신앙을 변호하였다. 그는 종교적 자유주의와 정통 기독교는 전적으로 다른 종교이며, 자유주의는 기독교가 아니라고 단정하였다.

7) 이사회 반대

1926년 신학교 이사회에서 메이천 박사를 변증학 교수로 청원하였으나, 스티븐슨(Stevenson) 교장이 이끄는 재단 이사회에서 반대하였다. 결국, 이사회는 폐지되고 학교는 완전히 재단 이사회의 지배하에 놓이게 되었다.

8) 웨스트민스터신학교 설립

신앙적, 신학적 논쟁들은 교단과 신학교들에서 계속 심화되었다. 대세는 점점 자유주의자들에게로 유리하게 기울어졌다. 1929년 총회는 신학교를 더욱 포괄적 신학 체제로 재구성하도록 결의하였다. 프린스턴신학교는 개혁주의 신앙의 변호와 전파에 대한 독특한 공헌의 상실이 예상되었다.

그러므로 이에 반대하는 메이천, 앨리스, 윌슨, 반틸, 머레이, 스톤하우스 등 보수주의 핵심 교수들은 6월 프린스턴신학교를 떠나 동년 가을 웨스트민스터 신앙고백서와 구 프린스턴신학교의 정신(Spirit of Old Princeton Theo. Sem.)을 계승하여, 미국 동부 펜실베니아주 필라델피아에 웨스트민스터신학교(Westminster Theological Seminary)를 50명의 학생과 함께 1929년 9월 25일 개교하였다.

9) 초대 교장

메이천 박사는 새로 설립한 웨스트민스터신학교의 초대 교장과 신약학 교수로, 그리고 교단과 선교부의 일에도 헌신하였다. 교단의 많은 교회와 신학교들도 자유주의화가 되자 해외에 나가 있는 선교사 중에도 다수가 자유주의 노선에 가담하게 되었다.

10) 독립장로회 해외선교부 설립(1933. 6. 29.)

메이천 박사와 보수주의 목사들은 1933년 6월 27일 여러 나라에 파송되어 바른 복음을 전하는 보수주의 선교사들을 위하여 '독립선교부 해외선교부'(I.B.P.F.M.=Independent Board for Presbyterian Foreign Missions)를 조직하고 초대 회장에 메이천 박사를 추대하였다(1933 –1936). 그다음 해에 메이천 박사는 칼 맥킨타이어 박사를 선교부 이사회에 초청하였다.

반면에 그 이듬해인 1934년 미국 북장로교(Northern Presbyterian Church) 총회는 새로 조직된 선교부를 인정하지 않고, 1935년에는 메이천 박사를 면직하였다. 이때 메이천 박사는 "이것은 독립선교부 해외선교부만의 문제가 아니다. 그리스도의 수장직(Headship)이 위험하다. 교회는 기로(Crossroads)에 서 있다. 한 길은 축복의 길이요, 다른 길은 죽음의 길이다"라며 결단을 촉구하였다.

메이천 박사 사진 아래서 저자
Machen's Memorial Hall

11) 미국 장교회 창립

메이천 박사와 그의 수제자 칼 맥킨타이어 박사를 위시한 보수주의자들은 1936년 6월 11일에 필라델피아(Philadelphia, Penn.)에서 새로운 교단(미국 장로교, Presbyterian Church of America - 후에 정통장로교<O.P.C=Orthodox Presbyterian Church>로 개칭)을 창립하고, 초대 회장에 메이천 박사를 추대하였다. 메이천 박사는 새 교단을 결성하기 위하여 미국 중북부 노스다코다주 비스마르크(Bismark, N.D.)로 가는 도중, 1937년 1월 1일 폐렴으로 55세의 나이로 소천 받았다. 그는 일평생 미혼이었다.

12) 그리스도께 순종

그는 세상을 떠나기 전 전보로 오랜 세월 동안 신앙의 동지인 존 머레이(John Murray, 1898-1974) 박사에게 "나는 그리스도께 적극적으로 순종함을 매우 감사합니다"라고 하였다.

13) 메이천 박사의 유산

메이천 박사의 총유산은 당시 약 175,000달러의 거액이었다. 그중 10,000달러는 1935년 웨스트민스터신학교에 기부되었다.

14) 메이천 박사의 무덤

메이천 박사의 무덤은 미국 동부 메릴랜드주 발티모어시 그린마운트공동묘지(Green Mount Cemetery, Baltimore, MD.)에 안장되었다. 돌무덤관 위에는 이름, 학위, 소천일 그리고 헬라어로 "죽도록 충성하라"(피스토스 아크리타나투, πιστὸς ἄχρι θανάτου; Faithful unto Death)가 새겨져 있다.

15) 메이천 박사의 기독교 신앙 변호

메이천 박사는 역사적 기독교 신앙을 변호하고자 그의 생애를 불태웠다. 그는 그리스도에 대한 헌신과 깊은 열망 때문에 양심상 교회 내의 신앙, 교리, 생활문제 등에 있어서 방관하거나 타협하거나 양보가 있을 수 없었다. 그는 교회의 생명과 순수성을 보존하기 위하여 온 심혈을 기울였다. 그는 결단코 진리를 위하여 우유부단함이나 약함을 허용치 아니하였다.

웨스트민스터신학교에서 메이천 박사의 뒤를 이어 신약학을 교수한 네드 B. 스톤하우스(Ned B. Stonehouse)는 "만일 이제까지 고결하고 관대하고 온화하며 상냥하고 인정이 많은 사람이 있다면 그 사람은 바로 메이천이었다"[1] 라고 했다. 메이천 박사야말로 인간의 양면을 모두 겸비한 하나님의 사람이었다.

16) 한국의 메이천 박형룡

메이천 박사의 수제자이시요, 불초 저자의 스승이셨던 고(故) 박형룡 박사(프린스턴신학교 졸업, 1926년)는 한국의 메이천이었다. 이 영적 흑암의 시대에 박형룡 박사의 인격·신앙·사상·사명 의식을 이어받은 제2, 제3의 박형룡이 나오기를 소망한다.

이 불초가 한국계 미국 시민(1979.4.20. A Republican, 공화당 핵심당원)으로서 메이천 박사가 설립하고, 맥킨타이어 박사가 계승한 독립선교부 해외선교부

---

[1] Ned B. Stonehouse, *J. Gresham Machen: A Biographical Memoir* (Grand Rapids, 1955). p. 327

(I.B.P.F.M.) 선교사로, 그리고 한국 파송 선교사로(1988.7.8.) 봉직하게 된 것은 하나님의 크신 은혜요 섭리였다고 확신한다. 메이천 박사는 성별주의자(Separatist), 근본주의자(보수주의자), 개혁주의자, 칼빈주의자였다.

17) 메이천 박사의 저서

(1) 『초보자들을 위한 신약 헬라어』(N.T. Greek for Beginners)
(2) 『바울 종교의 기원』(The Origin of Paul's Religion, 1921)
(3) 『기독교와 자유주의』(Christianity and Liberalism, 1923)
(4) 『신앙이란 무엇인가?』(What is Faith?, 1925)
(5) 『그리스도의 처녀 탄생』(The Virgin Birth of Christ, 1930)
(6) 『투쟁하는 기독교』(1932) ; 자신의 자전적 삶의 여정
(7) 『현대 세계에서의 기독교 신앙』(The Christian Faith in the Modern World: 세상 떠나기 전 방송설교 모음)
(8) 『초월하신 하나님, 기독교와 인간관』

3. B. B. 월필드(Benjamin Breckenridge Warfield, 1851-1921년) 박사
(미국의 칼빈주의 신학자. 기독교 변증학자.)

월필드 박사는 미국 켄터키주 렉싱톤(Lexington) 근교에서 태어났으며, 뉴저지대학(New Jersey College — 후에 프린스턴대학교로 개칭)을 최우등생으로 졸업하고(1871년), 프린스턴(Princeton)신학교에서 찰스 하지(Chales Hodge) 박사의 문하생으로 졸업(1876년)하였다.

곧이어 유럽을 여행하며 라이프치히(Leipzig)대학교에서 공부하고(1876-1877년) 귀국하여, 발티모어(Baltimore)제일장로교회에서 시무(1877-1878년)

하고, 1878년부터는 펜실베이니아주 알레게이니(Allegheny)에 있는 서부신학교(Western Seminary)에서 강사로 신약 헬라어와 문학을 가르치기 시작하였고, 그 다음 해인 1879년에는 정교수로 승진하였다.

1) 변증학 교수

1887년 A. A. 하지(A. A. Hodge) 박사가 세상을 떠난 후 월필드 박사는 프린스턴신학교의 초청을 받고 세상 떠날 때까지 변증학 교수(Professor of Dialectics)로서 6,000명 이상의 학생에게 수준 높은 칼빈주의 정통 신학을 교수하였다.

2) 개혁주의 신학 변호

월필드 박사는 20년 이상(1890-1903년) 프린스턴신학교 기관지인 「프린스턴 리뷰」(The Princeton Review)의 편집인으로 재직하면서 10권 이상 분량의 논문들을 정기간행물, 신문, 잡지, 사전 등에 기고하였다. 그는 물밀듯 밀어닥치는 자유주의자들의 신신학에 대항하여 경건하게 살면서 개혁주의 신학(Reformed Theology)을 변호하였다.

3) 불신앙 폭로

월필드 박사는 기독교의 정통교리들에 의심(doubt)을 품거나, 부인(denial)하거나, 재해석(reinterpretation)하는 종교적 자유주의자들의 불신앙을 폭로, 책망하였다.

4) 주관주의 반대

월필드 박사는 모든 지식은 주관적, 상대적이므로 결코 객관성이 없다고 주장하는 주관주의(Subjectivism)를 반대하고 하나님과 성경의 절대성을 변증하였다.

5) 기독교 핵심 교리 변론

월필드 박사는 성경의 영감(Inspiration)과 무오성(Inerrancy)을 변호하였다. A. A. 브릭스(A. A. Briggs)와 P. 스미스(Henry P. Smith) 같은 자유주의자들을 반대하여 성경의 영감, 무오, 원죄, 예정, 제한적 속죄 등 기독교의 핵심 교리들을 변호하였다.

6) 브릭스 교수 파면

브릭스는 뉴욕의 유니온신학교(Union Theological Seminary) 구약학(히브리어) 교수로서, 성경의 영감과 무오를 부인하였다. 당시 북장로교 총회는 그를 목사직에서 파면하였으나(1893년) 신학교에서는 그를 계속 교수하게 했다.

7) 스미스 교수 파면

스미스는 뉴욕의 유니온신학교(Union Theological Seminary) 교수로서(1913-1925년) 성경의 무오성과 모세오경의 저작권을 부인하며 동료 교수 브릭스를 변호하였다(1891년). 당시 북장로교회 신시내티노회(Cincinnati Presbytery, Ohio.)에서는 그를 목사직에서 파면하고(1892년), 1894년 총회에서는 그를 유죄 판결하였다.

8) 회의주의 반대

월필드 박사는 기독교의 독특성을 파괴하는 불신앙과 회의주의(Skepticism)를 반대하고, 엄격한 칼빈주의 신학의 입장에서 성경적 세계관을 변증적 방법으로 변호하였다. 월필드 박사는 성 어거스틴(St. Augustine)의 신앙고백을 신앙 양심의 모델(model)로, 칼빈을 정통 보수 신학자로 존경하고, 웨스트민스터 신앙고백서(The Westminster Confession of Faith)를 전폭 신봉하였다.

9) 경험론 반대

월필드 박사는 독일의 자유주의 신학자 F. 슐라이어마허(F. Schleiermacher, 1768-1834년)의 경험론을 반대하고, 하나님의 계시를 변호하였다.

10) 진화론 반대

월필드 박사는 영국의 진화론자 C. 찰스 다윈(C. Darwin, 1809-1882년)의 진화론(Evolution)을 반대하고 성경의 창조론(Creationism)을 변증하였다.

11) 튀빙겐 학파 공격

월필드 박사는 독일의 튀빙겐 학파의 자유주의 불신앙을 공격하고, 성경의 진리를 옹호하였다. 독일의 튀빙겐 학파(Tübingen School) F. C. 바우어(F. C. Baur, 1792-1860년)는 바울의 사도직과 바울의 에베소서, 빌립보서, 골로새서, 데살로니가전·후서, 디모데전·후서, 디도서, 빌레몬서 등의 저자임을 부인하였다.

12) 기독교 순수성 옹호

바우어의 제자인 D. F. 스트라우스(D. F. Strauss, 1808-1874년)는 하나님의 존재, 예수 그리스도의 이적을 부인하였다. 월필드 박사는 독일의 교회사가인 하르낙(Adolf Harnack, 1851-1930년)의 기독교와 세상 문화의 동화를 반대하여, 기독교의 순수성을 옹호하였다.

13) 양식비평 비판

월필드 박사는 부셋(Wilhelm Bousset)의 『종교란 무엇인가?』(*What is Religion?*, 1907)에서 주장한 비교종교학을 반대하고, 기독교와 다른 종교들을 동일시할 수 없으며, 기독교는 인간의 상상물이 아니라고 변증하였다. 그는 벨하우젠(Julius Wellhausen, 1844-1918년, 독일 성경비평 신학자)이 성경의 영감과 모세오경의 저작권을 부인하는 것을 반대하였다. 월필드 박사는 매킨토쉬(William Mackintosh)의 이적 부인, 제베르크(Reinhold Seeberg)의 성경의 권위 부인, 바이스(Johannes Weiss, 1863-1914년)의 양식비평(Form Criticism)을 비판하였다.

14) 월필드 박사의 저서

(1) 『계시와 영감』(*Revelation and Inspiration*, 1927)
(2) 『칼빈과 칼빈주의』(*Calvin and Calvinism*, 1931)
(3) 『완전론주의』(*Perfectionism*, 1931-1932)
(4) 『성경의 영감과 권위』(*The Inspiration and Authority of the Bible*, 1948)

4. A. A. 하지(Archibald Alexander Hodge, 1823-1886년) 박사
(찰스 하지 박사의 맏아들, 신학자, 프린스턴신학교 조직신학 교수)

A. A. 하지 박사는 찰스 하지 박사의 친아들이다. 그러나 신학교에서 그리고 이사회에서, 교수회의에서 만장일치로 교수로 초청했다.

1841년 뉴저지대학(New Jersey College → Princeton University)의 전신 프린스턴신학교(Princeton Theological Seminary)를 1846년 졸업하고 1847년 목사 안수받았다.

1) 인도 선교사

그는 장로교 선교사로 온 가족과 함께 인도의 Allahabad(인도 북부의 도시)에서 3년 동안 사역하고, 건강때문에 귀국하여 1851-1862년에 메릴랜드 주(M. D.), 버지니아주(VA.), 펜실베니아주(PA.)에서 장로교 목사로 시무 사역을 하였다.

2) 조직신학 교수

그는 1864년 웨스턴신학교(Western Seminary, Allegheny, Pa.) 조직신학 교수, 1877년 프린스턴신학교 교수(1878년 C. 하지 부친 소천 후)로 조직신학, 주경신학, 교수부장을 했다. 하지 박사는 교회와 국가(Church and State)의 분리를, 칼빈주의의 재부활을 주장한 보수신학자이었다.

그는 아버지와 달리 정치에 개입하지 않았어도 1877년 세계개혁교회연맹 제1차 회의 연설에서 정통 개혁신학이 법, 교육, 정치, 공공 생활의 안정된 기반을 위해 필수적이라고 주장했다.

실제로, 하나님의 주권, 인간의 전적 타락, 삶의 모든 영역에 대한 그리스도의 주되심 같은 칼빈주의적 확신들만이 사회를 무정부주의와 세속주의의 무신론에서 구할 수 있다고 주장했다. 그는 교육에는 성경적인 교육과 자연주의적 교육이 있을 뿐이며, 기독교적이든지 아니면 반기독교적일 수밖에 없다고 믿었다.

3) A. A. 하지 박사의 저서

(1) 『찰스 하지의 생애』(The Life of Charles Hodge, 1880)

(2) 『신학개론』(Outlines of Theology, 1860, 1879)

(3) 『속죄』(The Atonement, 1867)

(4) 『신앙고백 해설』(Exposition of the confession Faith, 1869)

5. 코넬리우스 반틸(Cornelius Van Til, 1895-1987) 박사

(기독교 변증가, 옛 프린스턴신학교, 웨스트민스터신학교 변증학 교수.)

코넬리우스 반틸(Cornelius Van Til) 박사 사진
아래서 저자

반틸 박사는 화란의 그루테가스트(Grootegast)에서 태어나 기독교 개혁교도인 그의 부모를 따라 1905년 10살에 미국에 이민했다.

1) 기독교개혁교단 안수

반틸 박사는 미국 미시간주 그랜드 래피드(Grand Rapids, MI.)에 있는 칼빈대학과 칼빈신학교(Calvin College and Calvin Theological Seminary)를 졸업하고, 미국 프린스턴신학교와 프린스턴대학교에서 공부하고, 1927년(C.R.C; Christian Reformed Church)에서 안수를 받았다.

그리고 미시간에서 잠시 목회하고, 1929년 웨스트민스터신학교가 설립되기 전까지 프린스턴신학교에서 1년간 변증학을 강의하였다. 반틸 박사는 1936년 미국정통장로교(O.P.C.)에 가입하고, 1975년 그의 나이 80세로 은퇴할 때까지 교수직에 있었다.

2) 칼빈주의 신학자

반틸 박사의 변증학의 대부(代父)는 존 칼빈과 직접적으로는 네덜란드 신학자 아브라함 카이퍼와 헤르만 바빙크 그리고 미국 프린스턴신학교의 탁월한 칼빈주의 신학자 찰스 하지 박사와 월필드 박사이다.

3) 전제주의 신학자

그는 카이퍼와 바빙크의 저서들을 탐독한 후, 기독교 변증학에서 사람은 인간의 이성(reason)이나 또는 어떤 중립적 입장으로 출발할 것이 아니며, 하나님은 반드시 존재하시다는 것과 사람은 하나님께 책임이 있다는 것과 이 하나님에 관한 정확한 정보(information)는 영감된 성경뿐이라는 것을 전제하여야 한다는 것을 더욱 확신케 되었다. 이 대전제(presupposition)가 반틸 변증학의 시작이요, 근간이다.

4) 변증학 저술

반틸 박사는 "신학은 반드시 변증적 공격을 해야 하며, 변증학은 반드시 신학을 해설하여야 한다"고 했다. 그의 저서 『변증학』(The Defense of the Faith)은 세계 각국에서 번역되어 교과서로 사용하고 있다.

그는 비기독교 사상은 무의미하여 붕괴한 것으로 보았는데, 이는 죄가 순수이성에 미친 영향력 때문이다. 불신자는 하나님을 알지만(롬 1:18-21), 진리를 억누른다(롬 1:18, 21-32). 그러므로 기독교인과 불신자의 사상, 그리고 하나님의 지혜와 세상의 지혜는 대립(antithesis)한다.

비록 불신자가 때로 진리를 알고 언급하기도 하지만, 이는 그들의 전제와는 어긋나는 것(의도와는 달리)이다. 오직 기독교 세계관에 의존하게 될 때만 올바른 진리를 깨닫는다.

5) 반틸 박사의 저서

(1) 『변증학』(The Defense of the Faith, 1955, 1963)
(2) 『기독교 신학』(A Christian Theology of Knowledge, 1969)
(3) 『조직신학 서론』(An Introduction to Systematic Theology, 1974) 등 40여 권의 저서와 300여종이 넘는 논문을 썼다.

3

메이천 박사와 웨스트민스터신학교 설립
(Dr. Machen founded Westminster Theological Seminary-1929.)

당시 미국(북)장로교의 자유주의자들과 정치세력들이 야합하여 프린스턴신학교 실행 이사회를 재구성하고, 자유주의 교수들이 득세하게 됨에 따라 메이천(J. Gresham Machen), 윌슨(Robert Dick Wilson), 알리스(Oswald T. Allis), 반틸(Cornelius Van Til) 교수 등이 주축이 되어 옛(old) 프린스턴신학교를 떠나, 1929년 펜실베니아주, 필라델피아(Philadelphia, PA.)에 웨스트민스터신학교(Westminster Theological Seminary)를 설립하게 되었다.

칼(Carl)은 메이천 박사를 존경하였다.

> 나는 메이천 박사으로부터 헬라어 N. T., 갈라디아서 주해서 초두에 "… 사람들에게서 난 것도 아니요 사람으로 말미암은 것도 아니요 오직 예수 그리스도와 및 죽은 자 가운데서 그리스도를 살리신 하나님 아버지로 말미암아 사도 된 바울은(… but through Jesus Christ and God the Father who raised Him from the dead. 갈 1:1)"이라고 기록하였다.

칼은 스승 메이천 박사로부터 헬라어 원문 지식과 복음 사역에 큰 도전을 받았다.

1. 웨스트민스터 신앙고백서 채택

웨스트민스터신학교의 교리적 기준과 표준으로 웨스트민스터 신앙고백서(Westminster Confession)와 대소요리문답(Larger and Shorter Catechism)을 채택하였다.

웨스트민스터신학교는 보수(근본)주의 교수들을 따라 프린스턴신학교를 떠난 약 50명의 학생으로 시작하였다. 이 학생 중에는 후에 근본주의 운동에 세계적 지도자가 된 칼 맥킨타이어 박사, 신복음주의(Neo Evangelicalism)의 원로인 해롤드 오켄가(Harold Ockenga)도 있었다. 맥킨타이어 박사는 1931년(25세) 봄 웨스트민스터 홀(Westminster Hall)에서, 웨스트민스터신학교(Th. B., 신학사)를 졸업하였다.

2. 어번 확인서(Auburn Affirmation, 1924년)

프린스턴신학교에는 어번 확인서(1924년)에 소명한 2명의 교수가 포함되어 있었다. 미국 북장로교 총회는 1910년, 1916년, 1923년 등 3번에 걸쳐서 기독교의 근본 교리들을 재확인하였으나, 1924년 1월에 자유주의자들 1,274명이 예수 그리스도의 육체적 부활은 교리(Doctrine)가 아니라 하나의 학설(a theory)이라고 선언하고 서명날인하여 온 천하에 자신들의 불신앙을 드러냈다.

이 문서를 어번 확인서(Auburn Affirmation)라고 하는 이유는, 이 불신앙 고백서가 뉴욕주 어번시(Auburn, New York State)에서 탄생되었기 때문이다.

3. 자유주의자의 어번 확인서 내용이다

① 예수 그리스도의 동정녀 탄생 부인
② 성경의 무오성 부인
③ 예수와 세상 끝날 성도들의 육체적 부활 부인
④ 대리적 속죄의 죽음 부인
⑤ 예수 그리스도의 재림 등을 교리(doctrine)가 아니라 하나의 학설(theory)이라고 했다.

그토록 배교가 극심하므로 메이천(Dr. Machen) 박사를 중심으로 한 보수 근본주의 신앙의 사람들은 성경적 성별의 원리(principle of biblical separation)에 의하여 1929년 드디어 자유주의자들로부터 떠나 성별하게 되었다.

4. 비평

메이천 박사가 설립한 웨스트민스터신학교는 종말론(Eschatology)에서는 무천년설, 술담배 문제는 양심자유론을 주장하고 있으며, 지금 이 순간까지도 필라델피아 캠퍼스와 서부 캘리포니아 캠퍼스에서는 술담배 를 자행하고 있다.

제3부

목회 사역

1. 칼 맥킨타이어 박사 안수받음-1931.6.4. 목요일(25세)
2. 칼 맥킨타이어 박사의 첫 목회지
3. 칼 맥킨타이어 박사 두 번째 목회지(콜링스우드장로교회 (Collingswood Presbyterian Church, N.J.), 1933.10.27.)
4. 미국 북장로교(N.P.C.: Northern Presbyterian Church) 로부터 파면당함
5. 칼 맥킨타이어와 콜링스우드성경장로교회(Collingswood Bible Presbyterian Church)
6. 목회를 새로 시작하다

1

칼 맥킨타이어 박사-목사 안수받음
(1931. 6. 4. 목요일, 25세)

- 사회 : 서 뉴저지 노회장(Moderator, West New Jersey Presbytery)
- 설교 : 메이천 박사(Dr. John Gresham Machen: 칼의 mentor)
- 기도 : 알리스 박사(Dr. Oswald Thompson Allis: 웨스트민스터신학교 교수)
- 권면 : 해롤드 사무엘 레어드 박사(Dr. Harold Samuel Laird: 전 콜링스우드교회 담임목사), 델라웨어주 윌밍톤 제일독립교회 목사(Wilmington, Delaware)

칼 맥킨타이어 박사의 어머니와 수많은 축하객이 참석(A Big Day)했다. 칼 맥킨타이어 박사는 메이천, 알리스, 레어드 박사 등 목사안수 위원들이 자신의 머리 위에 손을 얹고 안수기도할 때 자신은 사도적 권위(apostolic authority)가 임한 것처럼 뜨겁게 느꼈다고 메이천 박사께 서신으로 전했다.

메이천 박사는 회신(1931. 6. 15)에서 지난 3년 동안 목회를 준비하는 신학생들이 칼 맥킨타이어 박사와 같아야 한다고 하셨다.

칼 맥킨타이어 박사가 1928년(22세) 프린스턴(Princeton)신학교에 입학할 때, 학비는 전액 무료였고, 기숙사 Brown Hall Room 319를 배정 받았다. 그리고 메이천 박사의 수제자가 되었다.

1920년대는 북장로교 교단과 신학교가 자유주의와 근본주의(Liberalism Vs. Fundamentalism) 사이의 신앙적, 신학적 논쟁들로 온통 영적 전쟁이 절정에 이르렀다. 즉시 그는 학생으로서 현대 자유주의자들과 보수(근본)주의자들의 신앙적, 영적 전쟁에 십자가의 정병(a warrior of the Cross)으로 직접 개입하기 시작하였다.

2

칼 맥킨타이어 박사 첫 목회지(Carl's First Pastorate) -첼시아장로교회

칼 맥킨타이어 박사는 처음으로 뉴저지주 애틀란틱시(Atlantic City, N.J.) 소재 첼시아장로교회(Chelsea Presbyterian Church)에서 1931년부터 1933년까지 약 2년 조금 더 단독 목회를 하였다.

첼시아장로교회는 여름 휴양지이므로 재정난이 염려되었으나, 칼 박사는 본문 중심, 원문 중심, 교리 중심의 설교로 교회를 부흥시켰다.

칼 맥킨타이어 박사가 목회 사역을 시작한
뉴저지주 애틀란틱시 근처 첼시아장로교회
(Chelsea Presbyterian Church near Atlantic City,
NJ, was Carl's first pastorate)

3

칼 맥킨타이어 박사의 두 번째 목회지
(Carl's 2nd Pastorate)

콜링스우드장로교회(Collingswood Presbyterian Church, 1,600명 성도). 1933년 10월, 27세에 부임하다.

1. 청빙 받음

1933년 7월 4일 주일날 공적 예배 시간(public worship)에 9명의 목사 청빙 위원들(Nine Pulpit Committee)이 회중석에 앉아서 칼 맥킨타이어 박사의 설교 말씀을 들었다. 칼 맥킨타이어 박사야말로 이 교회가 원하는 목사임을 확신하였다.

목사 청빙 위원들은 담임목사 청빙 건을 놓고 하나님 앞에 간절히 기도드렸고, 칼 맥킨타이어 박사와 페어리(Fairy) 사모도 간절히 기도드렸다.

2. 청빙 질문

청빙 위원들은 7월 8일 목요일, 칼 맥킨타이어 박사의 사택을 방문하여 미리 작성한 여러 가지 중요한 질문들을 제시하였다.

① 웨스트민스터 신앙 고백서
② 종말론에서 예수 그리스도의 인격
③ 역사적 전천년(personal historical pre-millennialism)
④ 십일조(1/10) 생활을 하는가?…

이에 관한 칼 맥킨타이어 박사의 입장을 확인하고, 청빙 위원회와 성도들은 칼 맥킨타이어 박사를 만장일치(unanimity)로 담임목사로 청빙하였다.

3. 목회 시작

1933년 10월 27일, 그의 나이 27세 때부터는 뉴저지주 콜링스우드(Collingswood, NJ.)장로교회로부터 청빙을 받아 담임목사로 시무하기 시작하였다(1,600명의 신도들). 이 교회는 뉴저지주 노회에서 가장 큰 교회로 선교에 열심인 교회였다.

4

미국 북장로교로부터 파면당함

칼 맥킨타이어 박사는 메이천 박사가 설립한 독립선교부 해외선교부(I.B.P.F. M.: Independent Board for Presbyterian Foreign Missions, 1933. 6. 27.)에 적극 참여하였다. 맥킨타이어 박사를 반대하는 북장로교(N.P.C.) 노회원들은 메이천, 맥킨타이어, 그리고 7인을 6가지 죄명을 들어 탄핵할 것을 노회에 상소하였다.

1. 6항목의 상소 내용

① 장로교의 권징과 정치에 불복, 무시, 도전한 죄
② 교회의 평화를 소란케 한 죄
③ 교회 내의 형제들을 반역한 죄
④ 복음의 사역자로서 합당치 않음
⑤ 교회의 헌법적 권위를 반대하여 반역을 도모함
⑥ 안수 서약 위반 등이다.

총회는 위의 6항목의 상소 중 ①, ②, ⑥ 항목을 적용해서 1935년 그의 나이 29세 때에 목사직에서 파면시켰다. 그리고 그 결정을 1936년 6월 1일 공포 하였다(1936년 총회록, pp. 92-93). 이는 마치 종교개혁자 마틴 루터(Martin Luther)가 로마 가톨릭과의 위대한 영적 전투에서 파면당한 것과 같다(1936년 총회록, pp. 92-93).

2. 불법 판결 거부

맥킨타이어 박사와 그가 시무하는 콜링스우드장로교회는 1936년 6월 15일 총회의 불법 판결을 거부하였다. 그리고 맥킨타이어 박사는 콜링스우드장로교회를 떠나 성경장로교회(B.P.C.; Bible Presbyterian Church)를 창립하였다. 이때 콜링스우드장로교회의 1,200명의 신도 중 약 90퍼센트가 자발적으로 맥킨타이어 박사를 따라 교회를 옮겼다.

5

칼 맥킨타이어 박사와 콜링스우드성경장로교회

맥킨타이어 박사는 27세 때부터 담임목사로 시무하기 시작하였다. 그러나 1938년 3월에 세상 법정에서는 총회 탈퇴를 반대한 8명에게 그 큰 돌로 지은 교회를 넘겨주었다. 개교회(個教會;Local church) 재산이 교단 재단법인(Trustees of the Property)에 등록되어 있기 때문이다.

콜링스우드장로교회: 맥킨타이어 박사와 성도들이 옛 신앙을 지키기 위하여 자신들의 손으로 돌을 옮겨 건축했지만 교회를 떠나고 말았다. 이 교회는 현재 동성애를 용납하는 타락한 교회가 되었다(The Collingswood Presbyterian Church, which Carl and the congregation left).

콜링스우드장로교회 강단에서 저자

그 교회 강단 맞은편에는 종교개혁자 존 칼빈, 마틴 루터, 존 낙스의 이름과 그림들이 유리창(stained glass windows)에 그려져 있다. 이 그림들은 세계에서 몇 안 되는 예술작품이다.

1. 개교회의 권한들(The Authorities of the Local Church)

(1) 개교회의 회원들을 치리할 권징권을 가지고 있다

사도 바울은 개교회로 하여금 "외인들은 하나님이 판단하시려니와 악한 사람은 교회에서 출교하라"고 명령하였다(고전 5:13). 교회의 순수성을 보전하기 위하여 교회는 권징권을 사용하여야 한다. 권징은 교회의 임무이다.

(2) 개교회의 직원들을 선출할 권리를 가지고 있다

초대교회의 직원들은 사도들이 하지 않고 교회가 직접 선출하도록 하였다(행 6:1-6). 이와 같이 오늘날도 교회 직분 선택에 있어서 사전에 직분의 자격·임무·권한 등에 관하여 성경 말씀이 교훈하는 대로 가르치고 광고하고, 신앙으로 기도와 말씀으로 준비케 한 후, 교회가 정한 일정한 시간과 장소와 방법에 의하여 교회 회원들(세례 교인들)이 직접 선택하도록 해야 한다.

선택 방법은 기명이나 무기명 투표로 하되 결격 사유가 발견되면 제직 임명 전에 무효로 할 것이다.

(3) 교회의 규례들을 보호하고 지킬 권리를 가지고 있다

교회는 진리의 기둥·터·방파제이다(딤전 3:15). 교역자들이 타락하는 만일의 경우에도 교회는 교회의 모든 규례를 지키고 보호할 사명이 있다. 모든 규례는 우리를 위하여 주신 것이다.

그러므로 사도 바울은 "내가 너희에게 전한 것은 주(主)께로부터 받은 것"이라고 하였다(고전 11:23). 여기에 "너희"는 목사 또는 장로가 아니라 성도들 전체를 가리킨다. 성도들 전체는 교회의 규례들을 지켜야 할 권한을 가지고 있다.

(4) 개교회의 내적인 어려운 문제들을 해결할 권리가 있다

개교회 내에 어떤 어려운 문제가 있어서 개교회 자체가 해결하지 못할 때는 상회인 노회나 총회에 도움을 요청할 수 있다. 그러나 가능한 한 개교회의 문제들은 개교회가 해결하는 것이 좋다.

(5) 신약의 모든 교회 정치는 개교회들에만 적용시켰다

하나님의 큰 사업을 하기 위해서는 상회의 역할이 크다. 교역자 양성을 위한 신학교 운영, 해외선교사 파송, 타 교단들과 관계, 신앙적 교리 정립, 성경적 연합운동 또는 집회, 협동적 구제 등은 개교회들로 구성된 노회나 총회 같은 상회(上會)의 역잠실역 2호선할이 지대하다. 그러므로 상회와의 관계를 무시해서는 안 된다. 상회는 개교회들을 대표하는 기구이므로 민주적 협의체로서 기능을 발휘하여야 할 것이다.

(6) 개교회의 문제에 관한 한 개교회의 결정은 최종적이다

개교회 이상의 고등재판소는 없다(There is no higher court than local church). 인간적 측면에서 고려한다면 개교회의 문제에 관한 한, 개교회가 최종적 결정권을 가지고 있기 때문이다.

(7) 개교회의 재산은 개교회에 속한다

오래전부터 배교와 불신앙으로 타락한 교단(敎團)들은 재단법인(財團法人)을 설립하고, 개(個)교회의 재산을 재단법인에 가입시켜오고 있다. 개(個)교회가 교단으로부터 탈퇴할 경우 재산을 가지고 나가지 못하도록 하기 위함이다.

실제 유럽과 미국의 수많은 교회는 교단을 탈퇴할 때 동전 한 푼도 갖지 못하고 빈손으로 나오는 경우가 많다. 그 실례로 칼 맥킨타이어 박사(Dr. Carl McIntire)는 본인이 속해있던 미국북장로교(N. P. C. in USA)에서 1938년 3월에 탈퇴할 때, 성도들이 건축한 돌로 지은 큰 교회를 빼앗기고 빈손으로 나왔다.

개교회는 교단에 가입되어 있어도, 교회 재산을 교단 재단법에 가입하지 않아야 한다. 개교회의 재산은 개교회에 속한 재산이기 때문이다.

| 6 |

목회를 새로 시작하다
(세 번째[최종] 목회지)

1. Tent(천막)에서 예배

1938년 마지막 주일에 성별된 성도들은 나와서 뉴저지주 콜링스우드 (Collingswood, N. J. Haddon Ave. St. Cuthbert Blvd.) 코너에 텐트(tent)를 치고 예배를 드리기 시작하였다.

성전 본당이 건축될 때까지 천막에서 예배를 드렸다
위는 성전 본당이 건축된 이후
칼 맥킨타이어 박사가 콜링스우드성경장로교회에서 인도한 마지막 예배 사진

교회를 떠나기 성전 밖에서 온 성도들 머리 위에 축도하는 맥킨타이어 박사

교회 자리에 체육관을 건축하였으며,
지금은 식사, 결혼 축하연을 하는 Fellowship Hall로 사용하고 있다.

2. 새 성전에서 예배(콜링스우드성경장로교회. 1951.)

새 교회는 콜링스우드성경장로교회(Collingswood Bible Presbyterian Church)로서 반세기 동안 전(全) 세계 수많은 교단, 교회들, 선교부들을 자유주의 배교와 불신앙으로부터 보호하여 왔다. 그 교회 헌금의 절반은 전(全) 세계를 향한 선교, 교육, 구제(mission, education, relief) 등으로 사용하였다.

3. 콜링스우드성경장로교회 다섯 개의 성가대 합창단(Choirs)

콜링스우드성경장로교회는 연령에 따라 다섯 개의 성가대를 조직하였다.

(1) 어린이 합창단(Children's choir)
(2) 소년 소녀 합창단(Junior choir)
(3) 청소년 소녀 합창단(Intermediate choir)
(4) 청년 합창단(Youth choir)
(5) 장년 합창단(Senior choir)

청년 합창단 회원들과 장년 합창단 회원들의 연합으로 구성된 합창 단원들은 구주 성탄 때 헨델의 메시아(Handel's Messiah) 곡을 비롯한 다른 여러 교향곡도 발표했다.

부활절, 감사절 등 특정한 절기 때에도 여러 곡을 발표했다.

지휘자(choir director)와 반주자(오르가니스트; Organist)에게는 사례금을 지불하고, 그 외에는 모두 자원 봉사자들(volunteers)로서 타 지역이나 다른 나라들을 갈 때도 자비로 적극적으로 참여하였다.

제4부

목회의 특성

1. 칼 맥킨타이어 박사의 사택
2. 칼 맥킨타이어 박사 설교의 특징
3. 칼 맥킨타이어 박사와 성경 구절

1

칼 맥킨타이어 박사의 사택

칼 맥킨타이어 박사는 미국 북장로교를 탈퇴할 때 교회 사택도 모두 빼앗겼다. 가족은 Maple Ave.로, 그다음에는 Bettlewood Ave.로 이사하였고, 그다음에는 Mrs. Avis Rohrer로부터 사택을 구입하고, 1938년에는 426 Collings Avenue에 사택을 건축하여 입주하고, 그 사택에서 소천할 때까지 여생을 보냈다.

The McIntires' new home on 426 Collings Ave. in 1938.

칼 맥킨타이어 박사의 I.C.C.C. 후임자인
크리스티안 스펜서 목사(Pastor Christian Spencer)와 저자

    Knight Park 맞은편에 있는 이 사택은 뉴저지주 콜링스우드 시뿐만 아니라 미국 전체 지역의 역사적 보존 지역에 있다. 이 집은 1920년대 건축한 집으로 일명 콜링스우드성경장로교회 칼 맥킨타이어 박사의 집이라고 부른다.

    1층에는 응접실, 2층의 침실(the master bedroom)을 포함하여 4개의 침실이 있다.

    이 사택은 맥킨타이어 박사께서 소천하신 후 재혼한 사모께서 2002년 8월에 복덕방에 내놓았고, Scott & Jill Harris 부부가 얼마 안되어 25,000달러에 구입하여 살고 있다. 2018년 기준 이 집에 대한 재산세(property tax)는 연간 15,300달러이다.

현재 거주하고 있는 집주인 부부와 저자

2

칼 맥킨타이어 박사 설교의 특징

1. 칼 맥킨타이어 박사의 설교는 철저한 보수 신앙이다

① 성경 본문 중심(Bible Text Centered)
② 성경 원문 중심(Original Text: Hebrew & Greek Centered)
③ 교리(칼빈주의) 중심(Doctrine – Calvinism Centered)
④ 조직적·논리적·변증적·웅변적 설교
　　(Systematic, Logic, Apologetic, eloquent sermon)

2. 감각적 호소

하나님 말씀을 전파하실 때 다른 어떤 부흥사나 설교자나 신학자들로부터 들어볼 수 없는 말씀들로써 오감각에 호소한다. 특히 몸짓(Body Language; gesture)을 사용하여 달고 오묘한 생명의 말씀들이 우리의 머리와 가슴 속과 의지에 더욱 깊이 자리를 잡도록 하셨다.

이 부족한 종이 존경하는 스승, 저의 영적 지도자, 저의 멘토(mentor)이신 칼 맥킨타이어 박사를 30년 이상 보좌하며 통역하는 특권을 주신 하나님께 깊이 감사드린다.

국군정신전력학교에서 강의 중인
맥킨타이어 박사와 통역 중인 저자

저자는 1980년대 중반부터 1990년대 중반까지 국군정신전력학교에서 외래교수로 명예 삼성장군(Honorary three star general)의 예우를 받으며, 전군 연대장·대대장·정훈장교·군목·향토예비군 지휘관 등을 위시해 정부 기관 각계각층의 지도급 인사들에게 해방신학, 민중신학의 허구성을 가르쳤다.

국군정신전력학교를 방문한 I.C.C.C. 임원단
오른쪽부터 국군정신전력학교 외래교수 시절의 조영엽 박사(1), 그레이 고든(Lynn Gray Gordon) 박사 부부(3, 4), 정신전력학교 교장(7), 국제기독교연합회(I.C.C.C.) 총재 칼 맥 킨타이어(Carl McIntire) 박사 부부(8, 9), 교수부장 전용진 대령.

육사(19기,11) 박정희 대통령께서 설립하신 국군정신전력학교는 좌파 김대중 전 대통령이 남북 화해 협력이라는 명목(구실)으로 1998년 12월 폐교했으나, 박근혜 전 대통령이 2013년 4월 국방정신전력원으로 폐교된 지 16년 만에 부활시켰다.

3. 국군정신적학교와 해방신학(Liberation Theology)강의

1) 해방신학은 기독교의 옷을 입은 마르크스주의이다
(Liberation Theology is a Marxism as Christian Dress.)

2) 해방신학은 하나님과 예수 그리스도를 해방자라고 주장한다

해방신학은 창조주 하나님과 구주 예수 그리스도를 사회적, 정치적 해방자로 왜곡(歪曲)한다. 그들의 성경 해석은 상황(狀況)에 의하여 좌우되는 매우 편협(偏狹)하고 단편적(斷片的)이며 마르크스주의적인 변질된 복음에 기초하고 있으므로 하나님과 예수 그리스도를 해방자로 제시하였다.

3) 해방신학은 "가난"과 "가난한 자"들을 이용한다

해방신학은 제3세계의 빈곤(貧困)에 대한 책임을 서구(西歐) 자본주의사회(資本主義社會)에 돌린다. 그리고 빈부(貧困)의 격차(隔差: Gap)는 자본주의의 폐단(弊端) 때문이라고 주장한다. 해방신학은 가난, 억압, 착취, 가난한 자, 억압당하는 자로부터 시작한다. 그리고 가난한 자들은 억압과 착취의 결과라고 한다.

4) 해방신학은 자본주의를 반대하고 사회주의를 찬동한다

5) 해방신학은 폭력을 정당화한다

그들은 현 정부 조직의 세력을 조직적 폭력이라고 말한다.

"자기방어를 위한 반동적 폭력(Counter Violence)은 기존 폭력을 제거하기 위한 방편으로 정당화되어야 한다. … 폭력은 새로운 권력을 산출하는데 필요하다. 폭력은 인간의 이성과 의지에 대한 유토피아 개념을 가진 것이다"라고 한다.

"이 점에 있어서 폭력은 자체의 목적에서가 아니라, 최후의 수단으로서 필요하다"고 한다. 해방신학은 계속적 협동적 폭력을 권장한다.

6) 해방신학에서 구원은 정치적 해방을 뜻한다

해방신학은 성경의 구원관을 전적으로 묵살하고, 만인구원설(Universal Salvation)을 주장한다. 그들의 구원은 현실적, 보편적, 사회적 구원이다.

그들은 구원과 정치적 해방을 동일시한다. 그리고 그들의 구원은 현세적 사회 구원만을 말한다. 그들은 영혼 구원에는 전혀 관심이 없다.

그들은 또 구원과 해방을 동일시하여 주장하기를 "그리스도의 구원은 모든 형태의 비참과 착취와 소외에서 인간을 풀어주는 철두철미한 해방이다"라고 한다.

해방신학은 구원을 정치적, 경제적 해방이라는 개념으로 왜곡시키고 있다. 해방신학에 있어서 구원이란 기쁜 소식으로 간주한다. 억압적인 상황 하에서 사회적인 해방을 통하여 자신들도 해방을 받는다고 믿기 때문이다. 미국의 흑인신학의 대표자로 일컫는 제임스 콘(James Cone)은 그의 저서 『흑인신학』(Black Theology)에서 "하나님의 해방에 은혜를 보답하는 길은 억눌린 형제자매들을 위한 행동이다"라고 주장하였다.

7) 해방신학은 거짓 정의를 주장한다

그들은 그들의 저서들 전반(全般)에 걸쳐서 가난한 자, 소외된 자, 억압당하는 자, 사회 저변에 있는 자, 사랑, 평화, 해방, 구원, 사회주의, 마르크스주의, 폭력적 혁명, 투쟁, 계급 없는 사회, 정의 사회, 유토피아 등의 선전 문구와, 가진 자, 억압 하는 자, 폭력, 불의, 증오, 구속, 죄, 회개, 자본주의, 계급 사회, 억압적 구조와 체제 등의 술어들을 대조하여 항상 사용하고 있다.

해방신학은 정의, 평화, 자유, 평등을 내세우나, 그들의 이론에는 자체의 모순을 내포하고 있다. 따라서 사람이 해방신학을 추종하는 한 영원히 올바른 정의, 참된 평화와 자유, 만민의 평등은 소유할 수 없게 된다. 그들이 주장하는 정의와 평등은 계급 사회를 타파하고 모든 기업체들, 농장들, 공장들, 사업체들을 국영화(國營化) 할 때 이루어진다고 한다.

즉, 모든 사람들의 재산뿐만 아니라, 몸과 정신까지도 다 국가화할 때 정의 사회가 건설된다고 한다. 이것이 마르크스주의 사상이요 우매한 자들을 기만하는 처사이다.

8) 해방신학이 내세우는 또 하나의 기만적 술어는 평화이다

그들이 주장하는 평화(Peace) 역시 현실적이고, 세속적인 면에 국한시켜 해석한다. 그들에 의하면 평화는 해방의 결과로 오는 상태로서 러셀(Russel)은 이 낱말에는 "개인, 가족, 그리고 사회적인 일체감과 안녕과 풍요를 내포하는 광범위한 의미를 가지고 있다"고 한다.

그들이 말하는 평화는 폭력을 포함한 모든 수단 방법을 동원하여 억압하는 자들과 자본주의 사회를 전복함으로서 달성할 수 있다고 한다.

모든 원수들을 물리치고 승리하는 것이 하나님의 축복이다.

평화는 정의의 실현을 전제로 하는 법이다. … 평화란 약자들의 권리 수호, 억압자들에 대한 징벌, 타인들에게 속박 당하지나 않을까 하는 공포에서 벗어난 생활, 피억압자들의 해방운동을 전제하고 있다.

해방신학을 추구한다면 참된 평화는 영원히 불가능하다.

9) 해방신학은 마르크스주의 유토피아를 주장한다

해방신학은 마르크스사회주의에 너무나 많은 희망을 걸고 있다. 사회적 정치적 해방을 통하여 인간이 지상천국을 이룩한다고 주장한다. 이것이 바로 거짓된 인본주의 환상에 근거한 것이다.

해방신학이 주장하는 하나님 나라(Kingdom of God)는, 이 세상에서 경제적 계급 사회를 조성하는 자본주의, 인종적 차별을 주장하는 식민주의 정책들을 뒷받침하는 정치적 폭력 정부들을 과격한 폭력적 혁명으로 전복하고, 노동자 농민들을 비롯한 가난한 자들과 억압받는 자들이 중심세력이 되는 정의, 평등, 평화의 지상천국이다.

그리하여 모든 인류에게 새 사회 건설을 주장한다. 해방신학은 다음과 같이 역설한다

인간 역사는 유토피아 세계를 향하여 나아가는 과정이다. 이 과정에서 제일 큰 장애물은 자본주의이다. 자본주의는 악이요 불의이므로 제거하여야 한다.

3

칼 맥킨타이어 박사와 성경 구절

1. 평생 중요 요절(Key Verse)

그러므로 내 사랑하는 형제들아 견실하며 흔들리지 말고 항상 주의 일에 더욱 힘쓰는 자들이 되라 이는 너희 수고가 주 안에서 결단코 헛되지 않은 줄 앎이라(고전 15:58).
(Therefore, my beloved brethren, be steadfast, immovable, always abounding in the work of the Lord, knowing that your labor is not in vain in the Lord.)

2. 국제기독교연합회(I.C.C.C.)의 주제 요절(Key Verse)

나 요한은 너희 형제요 예수의 환난과 나라와 참음에 동참하는 자라 하나님의 말씀과 예수 그리스도의 증거를 인하여(for the Word of God and the Testimony of Jesus) 밧모라 하는 섬에 있었더니(계 1:9).

1) 성별하라(Be Ye Separate)

그러므로 주께서 말씀하시기를 너희는 저희 중에서 나와서 따로 있고 부정한 것을 만지지 말라 내가 너희를 영접하여(고후 6:17).
(Therefore "Come out from among them And be separate, says the Lord. Do not touch what is unclean, And I will receive you.)

3. 미국기독교연합교회(A.C.C.C.)의 요절(Key Verse)

사랑하는 자들아 우리가 일반으로 받은 구원에 관하여 내가 너희에게 편지하려는 생각이 간절하던 차에 성도에게 단번에 주신 믿음의 도를 위하여 힘써 싸우라는 편지로 너희를 권하여야 할 필요를 느꼈노니(유(1:3),

(Dear friends, although I was very eager to write to you about the salvation we share, I felt I had to write and urge you to contend for the faith that was once for all entrusted to the saints.)

또 내가 들으니 하늘로부터 다른 음성이 나서 이르되 내 백성아, 거기서 나와 그의 죄에 참여하지 말고 그가 받을 재앙들을 받지 말라(계 18:4).

(And I heard another voice from heaven saying, Come out of her, my people, lest you share in her sins, and lest you receive of her plagues.)

4. R.S.V.(Revised Standard Version) 표준성경 반대

칼 맥킨타이어 박사는 미국기독교연합회(N.C.C.C. in U.S.A.)가 1952년 개정 표준성경(Revised Standard Version, R.S.V.)을 출판하였을 때 "성경으로 돌아가자!"(Back to the Bible)는 기치를 내걸고 전국적으로 대집회들을 열었다.

R.S.V. 성경은 미국기독교연합회가 판권을 소유하고 있고 미국뿐 아니라 전(全) 세계의 자유주의 교회들이 성경으로 사용하고 있다. R.S.V.는 이사야 7장 14절의 "처녀"를 의도적으로 젊은 여자(a Young Woman)로 번역하였다. 그 이유는 예수 그리스도의 동정녀 탄생을 부인하기 때문이다.

전 세계 어디에서나 R.S.V.를 사용하는 교단·교회들은 100퍼센트 틀림없이 자유주의 교회들이다. 칼 맥킨타이어 박사는 일평생 선구자로서의 선지자적 사명을 충실히 감당하셨다.

제5부

칼 맥킨타이어 박사와 성경장로회
(Carl McIntire & B.P.C.)

1. 칼 맥킨타이어 박사와 성경장로교회(B.P.C.; Bible Presbyterian Church)의 위대한 목회자 → 한 교회 → 세계적 사역
2. 메이천 박사와 맥킨타이어 박사 중심으로 성경장로교(B.P.C.) 총회창립-1929.
3. 칼 맥킨타이어 박사와 페이스신학교(Faith Theological Seminary; 1937. 9.246 West Walnut Lane, Philadelphia, P.A. 19144.)
4. 메이천 박사와 독립선교부 해외선교부(I.B.P.F.M.), 1933.6.27. ~ 현재까지(홀드크로프트[J.Gordon Holdcroft])
5. 칼 맥킨타이어 박사와 크리스천 비콘지(Christian Beacon) 주간지(weekly)
6. 칼 맥킨타이어 박사와 20세기 종교개혁의 시간 (20 Century Reformation Hour)-라디오방송 -1955.3.7.

1

칼 맥킨타이어 박사와 성경장로교회(B.P.C)의 위대한 목회자 → 한 교회 → 세계적 사역

칼 맥킨타이어 박사는 콜링스우드성경장로교회 한 교회만을 43년 동안 시무하셨다. 그는 말했다.

> 물론 나의 목회 사역에서 가장 중요한 목장은 내가 섬기고 있는 개교회(local church)이다. 우리 교회는 1936년 우리의 장로교 선조들이 항상 지켜온 옛 신앙에 굳게 서서, 배교와 불신앙에 타협하지 않는, 분명한, 강한, 참된, 기독교회들의 교제를 하고 있다(Of course the most important ministry of all is my pastorate in the local church, which made a separated stand back in 1936, and helped build the Bible Presbyterian denomination, a clear, strong, uncompromising fellowship of true Christian churches, standing by the old faith that our Presbyterian fathers have always had.).

1. 세계 만방에 선교

칼 맥킨타이어 박사는 매번 새로운 기회, 새로운 사역에 관하여 교회 중진들과 함께 논의하였고, 실패·실망 등은 가능한 한 뒤로 하고, 사도 바울이 보여주신 삶을 본받아 세계 만방에 선교하였다.

형제들아 나는 아직 내가 잡은 줄로 여기지 아니하고, 오직 한 일 즉 뒤에 있는 것은 잊어버리고 앞에 있는 것을 잡으려고 푯대를 향하여 그리스도 예수 안에서 하나님이 위에서 부르신 부름의 상을 위하여 달려가노라(빌립보서 3:13-14).

(Brethren, I do not count myself to have apprehended; but one thing I do, forgetting those things which are behind and reaching forward to those things which are ahead, I press toward the goal for the prize of the upward call of God in Christ Jesus.)

그 결과 회중들은 정상(mountain peak)에서 더 정상으로 전진하게 되었다. 따라서 콜링스우드성경장로교회는 '20세기 종교개혁의 flagship(함대의 선두에서 전투를 지휘하는 기함을 뜻함)'이라고 불려져왔다. 우리 교회는 더 이상 개교회(local church)가 아니라 세월이 흐름에 따라 점차로 한 개교회의 위상과 책임에서 상징이 되었다. 우리 교회 성도들은 예수 그리스도의 복음을 높이 들고 세계만방에 증거하고 선교하는 데 일원이 된 것을 특권으로 생각하고, 교회에서 행하는 모든 분야에 적극적으로 참여하였다(The Collingswood Church has been called "the flagship of the 20th Century Reformation." As time went by, we gradually became no longer just a local church, but a symbol. Our congregation felt privileged to be a part of the world-wide testimony which is upholding the gospel of Christ in our generation.).

2. 사방에서 모임

우리 교회의 초창기 성도들은 예배에 참석하기 위하여 그들의 자녀들까지도 먼 거리에서 들판을 지나, 산을 넘고, 강을 건너서 왔다.

① 상당수의 성도는 교회 가까운 곳으로 이사했다.
② 자신들이 사는 지역에 보수(근본) 교회가 없는 지방들에서는 radio방송, 즉 단파(short wave)를 통하여 칼 맥킨타이어 박사의 설교를 청취하였고, 설교 녹음 tapes를 구매하기도 하였다.
③ 후에는 그들이 서로 모여서 교회를 개척하고 목회자를 청빙하기도 하였다.
④ 어느 교회와도 연결되어 있지 않은 성도들은 휴가를 내어 칼 맥킨타이어 박사가 시무하는 교회를 방문하여 예배를 드리고, 성도의 교제를 나누고, 신앙을 더욱 돈독히 하였다.

2

메이천 박사와 맥킨타이어 박사 중심으로 성경장로교(B.P.C.) 총회창립-1937.

칼 맥킨타이어 박사를 포함하여 13명의 지도자는 1937년 6월 4일 필라델비아 소재 성 제임스호텔(St. James Hotel)에 모여서 많은 토의와 기도 후에, 칼빈주의, 근본주의(보수), 역사적 전천년설, 그리고 복음주의로 나아가기로 결의하며 성경장로교(B.P.C.) 교단을 창설하였다.

메이천 박사와 칼 맥킨타이어 박사는 북장로교에서 탈퇴한 후 1936년 그의 나이 30세에 성경장로교를 창립하였다. 성경장로교를 창립한 이유는 분명하다. 배교와 불신앙을 반대하고 성별하여 따로 조직된 교단 내에는 두 가지 신앙적 흐름이 있었다.

1. 독립장로회

① 주초(酒草; 술, 담배) 문제에 관하여는 양심의 자유에 맡길 것이라고 하면서 관용하며
② 영적 전투에 직접 개입하는 것을 주저하거나 반대하고
③ 무천년설(Amillennialism)을 주장하며
④ 독립선교부 해외선교부(I.B.P.F.M.)를 총회가 관할하기를 주장한 사람들이었다.

이 부류(독립장로회)는 웨스트민스터신학교를 장악하게 되었다. 그리고 정통장로교(O.P.C.) 선교부를 조직하게 되었으며 양심자유론을 주장했다.

2. 성경장로교

① 주초 문제를 위시하여 악은 모양이라도 버리고 경건생활에 힘쓸 것과
② 전천년설(Pre-millennialism)을 주장하며,
③ 영적 전투에 직접 개입하며,
④ 총회가 선교부를 관할하는 것을 반대하였다.

1937년 총회에서는 칼 맥킨타이어 박사를 중심으로 한 성별주의자들이 새로운 교단 곧 성경장로교를 창립하게 되었다. 그때가 31세였다. 이 부류는 선교부(I.B.P.F.M.)를 주도하게 되었다. 또한, 성경장로교(B.P.C.)는 페이스신학교(Faith Theological Seminary)를 설립하게 되었다.

3. 성경장로교 총회

1) 제1차 성경장로교 총회

제1차 창립총회가 1938년 9월 6-8일에 걸쳐, 칼 맥킨타이어 박사의 나이 32세 때에, 그가 시무하는 뉴저지주 콜링스우드성경장로교회에서 개최되었다.

(The First Synod of the Bible Presbyterian Church met in the Tabernacle in 1938, Front Row(left to right): Schaeffer, Buffler, Toms, Griffiths, Wortman, Hamilton, Second Row: Welbon, Vining, Gillan, Faucette, Hanna, Geisenheiner, Arcularius, Third Row: Weir, B. McIntire, Jones, Chrisman, C. McIntire, Laird, Pearson, Pue,)

제1차 총회(대회, Synod라 칭함)는 미국(북)장로교 총회에서 결의한 사항들(박사와 칼 맥킨타이어 박사 그리고, 다른 7명의 성직자를 파면, 해외 선교부 불인정…)을 모두 무효라고 선언했다. 새로운 교단은 우리 주님이 영광중에 나타나실 때까지 지속할 것이며, 웨스트민스터 신앙고백서(Westminster Confession of Faith)를 신앙고백으로 받되 천년설과 관계된 제32장, 33장은 역사적 전천년(Historical Premillennialism)으로 개정하여 채용하기로 결의하였다. 새로 탄생 된 성경장로교는 독립선교부 해외선교부(I.B.P.F.M.)와 페이스신학교(Faith Theological Seminary)를 인준하였다.

(1) 새 교단을 창립 목적

① 성도의 진정한 교제를 위하여
② 우리 주 예수 그리스도의 증거를 위하여
③ 미국(북)장로교(N.P.C.)의 배교 때문에
④ 미국(북)장로교가 역사적 기독교 신앙에서 떠났기 때문이다.

(2) 총회(대회)는 다음과 같은 사항을 채택

① 신·구약 성경은 우리의 신앙과 행위의 표준임을 선언
② 웨스트민스터 신앙고백서와 대: 소요리문답들을 재확인
③ 성경의 전천년 교훈이 모호한 곳은 역사적 전천년설(Historical pre-millennialism)로 수정(정정)하기로 제안하다.
④ 장로교 정치를 재확인하다.

B.P.C. 제6차 총회 1943년

B.P.C. 제9차 총회 1946년

B.P.C. 제10차 총회 1947년

B.P.C. 제11차 총회 1948년

B.P.C. 제12차 총회 1949년

B.P.C. 제13차 총회 1950년

B.P.C. 제14차 총회 1951년

B.P.C. 제15차 총회 1952년

B.P.C. 제16차 총회 1953년

B.P.C. 제17차 총회 1954년

B.P.C. 제18차 총회 1955년

B.P.C. 제20차 총회 1956년

B.P.C. 제21차 총회 1957년

B.P.C. 제22차 총회 1958년

제5부 | 2. 메이천 박사와 맥킨타이어 박사 중심으로 성경장로교(B.P.C.) 총회창립 - 1937.

B.P.C. 제22차 총회 1958년

B.P.C. 제23차 총회 1959년

B.P.C. 제24차 총회 1960년

B.P.C. 제25차 총회 1961년

B.P.C. 제26차 총회 1962

B.P.C. 제27차 총회 1963

B.P.C. 제28차 총회 1964

3

칼 맥킨타이어 박사와 페이스신학교(1937. 9.)

메이천 박사가 별세하고, 신앙과 행위의 문제로 성별한 맥킨타이어 박사는 뜻을 같이하는 신앙의 동지들과 함께 신앙과 행위의 유일무이한 법칙인 하나님의 말씀을 바로 가르치는 참목회자를 양성하는 페이스신학교(Faith Theological Seminary)를 설립하였다.

1. 보수주의 신학자

(1) 알란 A. 맥크레이(Alan A. MacRae, B. A., Th. B., Ph. D.; 고고학의 제1인자, 1926년 프리스톤신학교 고(故) 박형룡 박사와 동창)

(2) 제임스 버즈웰(James Oliver. Buswell, 조직신학[교의]의 제1인자)

(3) 프랜시스 쉐퍼(Francis Schaeffer, 기독교변증학자, 1938년 페이스신학교 제1회 졸업생. 23권을 저술하였다)

(4) 로이 T. 브럼버(Roy T. Brumbaugh, 타코마 제1성경장로교 목사, 독립선교부 해외선교부 및 페이스신학교 창립 멤버, 등 5명의 보수신학자와 더불어 1937년 9월[32세])는 22명의 학생으로 세계적 보수신학의 전당 페이스신학교를 개교했다.

(5) 이후 맥킨타이어 박사는 페이스신학교 이사장(Director of the Board)으로, 총장(President)으로 직무를 수행했다.

2. 윌밍톤(Wilmington, DE.)에서!

윌밍톤에 있는 한 성경장로교회의 주일학교 건물을 1941년 9월부터 1952년 5월까지 강의실로 사용하였다.

페이스신학교(1941.9.-1952.5)

3. 엘킨스 파크(Elkins Park)에서!

Windener Estate Property를 1952년 192,000달러에 매입하여 1997년까지 사용하였다. 페이스신학교는 33 에이커(39,600평), 110방, 교수실들, 도서관, 55 침실(55 bedroom), 정원의 분수대 등으로 되어 있다.

Lynnewood Hall 천정에는 샹들리에(Chandelier)를 달고, 대리석 바닥을 깔고, 도서관 벽들(walls)에는 매우 값비싼 대형 그림들의 벽화를 그려넣었으며, 대형 연회장(ballroom)은 도서관(library)으로 개조하여 세계적인 도서관으로 교수들과 학생들의 학문 연구의 산실이 되었다. 오랜 세월동안 훌륭한 대(大)학자들, 교회 지도자들이 배출된 명문신학교였다.

페이스신학교 외관

페이스신학교 초창기 교수진(왼쪽 부터 A. 프랭클린 포세트, T. V. 테일러, W. N. 하딩, A. W. 에퍼드, A. A. 맥레이, R. J. 던츠바일러, R. 바노이, 그레이 G. 코헨)

페이스신학교 초창기 교수와 교직원들 1937

페이스신학교 전체 학생 1965-1966

본인은 페이스신학교에서(1979.2.~1981.5.19.) 칼 맥킨타이어 총장으로부터
목회학 박사 학위(D. Min. Doctor of Ministry)를 받았다(제43회 졸업).

이병규 목사(계약신학대학원 대학교 설립자, 이사장)는 명예신학박사 학위(D. D.; Doctor of Divinity)를 받았다.

다음은 명예 신학박사 학위를 받을 수 있는 자격이다.

① 목회에 성공했는가?
② 신학 저서가 있는가?
③ 20세기 종교개혁의 지도자로 인정받는 자인가?

이에 해당하므로 본인(조영엽)이 이병규 목사를 추천하였다.

맥킨타이어 박사와 이병규 목사

4. 볼티모어(Baltimore)에서

2004년 가을부터 페이스신학교는 Baltimore, MD.로 이전하게 되었다.
현주소: 529 Walker Ave., Baltimore, MD., 21212. U.S.A.
ph.(410)323-6211. Fax.(410)323-6331
신학교의 이념과 노선은 다음과 같다.

① 초교파적(Non-denominational)으로 독립적
② 복음주의적(Evangelical)으로 전천년주의
③ 성경적(Biblical)으로 성별된 생활

페이스신학교 간판 앞 저자

4

메이천 박사와 독립장로회해외선교부(I.B.P.F.M., 1933. 6. 27)
(한국에 파송된 선교사들만 소개)

1. 홀드크로프트(J. Gordon Holdcroft)
2. 마두원 선교사 부부(Dr. & Mrs. Malsbary)
3. 후렌 선교사 부부(Dr. & Mrs. Frelen)
4. 라보도 선교사 부부(Dr. & Mrs. R. S. Rapp)
5. 고든 선교사 부부(Dr. & Mrs. Gordon)
6. 조영엽 선교사 부부(Dr. Cho & Mrs. Cho)

메이천 박사가 중심이 되어 조직한 독립선교부 해외선교부(1933. 6. 27.)는 메이천 박사가 별세한 후(1937. 1. 1.) 창립 멤버 중의 한 사람인 칼 맥킨타이어 박사가 계승하여 전(全) 세계에 선교 활동을 해오고 있다. 메이천 박사의 주도하에 창설된 이후, 동 선교부 선교사들은 세계만방에 파송되어 선교, 교육, 봉사, 구제에 많은 업적을 쌓아 왔다.

1. 홀드크로프트(James G. Holdcroft) 선교사

특히, 한국에는 동 선교부 초대 총무이자 후에 초대 회장이신 홀드크로프트(James G. Holdcroft; 한국명: 허대전) 선교사가 1909년 평양에 선교사로 들어가서 복음을 전하고, 여름성경학교(Summer Bible School)를 개설하였다.

초대 이승만 대통령 각하와는 매우 친밀한 사이였다.

홀드크로프트 선교사

(1) 선교사는 자신의 집에서 예수 그리스도를 구주(Personal Saviour)로 영접하고(189?년), 1903년 Park college(ParkVille, Mo.)를 졸업했다.

(2) 1903-1905년에 개인 선교사 자격으로 방한하여 평양에서 단기선교 사역을 했다. 미국으로 귀국하여 프린스턴신학교에서 신학을 공부하고 1908년에 졸업하였다. 1908년에는 미국 북장로교(N.P.C.)에서 목사 안수를 받았다. 그리고 1909년 Nellie Cowan과 결혼하였다. 1907년 12월 5일 홀스크로프트 선교사는 사모와 함께 다시 내한하였다. 1909.12.15. 한국의 평양스테이션(station)에 배속되었다.

(3) 1909-1940년까지는 선교부 편집장(Editor)으로 일했다.

(4) 그러나 미국 북장로교가 점점 더 세속화되므로 북장로교와 북장로교 선교부를 탈퇴하고, 메이천(Machan) 박사가 설립한(1933.6.27.) 독립선교부 해외선교부(I.B.P.F.M.)에 1939년 가입하였다.

(5) 그는 특히 한국 교회의 주일학교 사업에 지대한 관심을 두고 있었다. 홀드크로프트 선교사는 1911년 4월 전국주일학교 연합회를 조직하고, 여름방학 기간에 5주간 성경, 성경 역사, 성경 지리 등에 관하여 가르쳤으며, 1932년의 경우 한 해에 10만 부나 되는 방대한 분량의 주일학교 서적을 반포하는 실적을 올렸다.

(6) 일제 탄압시대 신사참배(신토 Shrines; 천왕숭배)를 하나님의 말씀을 반역하는 우상 숭배로 규정하고, 불신앙으로부터 회개와 성별을 촉구하였다.

(7) 1935년 이후에 일어난 미국 북장로교 분열의 여파는 주한 선교자들에게도 상당한 영향을 미쳐, 메이천 박사와 맥킨타이어 박사를 비롯해 홀드크로프트, 브루스 헌트(Bruce F. Hunt: 한부선), 말스베리(Dwight R. Malsbary: 마두원), 해밀톤(Floyd E.Hamilton: 함일돈), 치솜(William H. Chisholm: 최의손) 선교사 등은 미국 북장로교를 탈퇴하고, 독립장로회 해외선교회(I.B.P.F.M.)에 합류하였다. 해방 후 이들은 출옥 성도들인 한상동, 주남선 목사 등과 함께 부산 고려신학교 개교에 큰 도움을 주었고, 고려파 총회가 발족할 때 막후에서 상당한 역할을 하였다.

(8) 선교사는 페이스신학교(Faith Theological Seminaey), 쉘톤대학(Shelton College), 독립선교부 해외선교부 국내선교(I.B.P. F.M. Home Mission) 등의 이사로도 봉직하셨다. 홀스크로프트 선교사는 1972. 6. 2.(금) 향년

93세로 소천하였다.

(9) 뉴저지주 캄덴시 할레이공동묘지(Harleign Cemetary, Camdan, N.J.).
칼 멕킨타이어 박사와 사모의 무덤 바로 옆에 안장되었다.

Carl McIntire overlook, Lot 315 1/2, Gr 1.

(10) 초기 선교사들은 말(horse), 또는 자전거(bicycle)를 타고, 당나귀(dunky)에 음식, 옷, 쪽 복음 성경, 주일학교 교재 등을 싣고 농어촌을 수없이 다니면서 복음 전도에 사명을 다하였다.

2. 마스베리(한국명 마두원) 선교사 부부(Dr. & Mrs. Malsbary)

마두원 선교사 부부

저자가 국제기독교연합회 한국지부(I.C.C.C. Korea Office)의 간사로 사역할 당시에는 세계적인 교회 음악가 고(故) 마스베리 박사(한국명 마두원 선교사[Dr. Dwight R. Malsberry, 1899-1977년])의 통역을(6년 동안[1967-1972]) 담당하면서 찬송의 원리를 깨닫게 되었다.

(1) 마두원 선교사와 사모는 유명한 시카고 음악학원(Chicago Conservatoire of Music)에서 작곡과 피아노를 전공해 졸업하시고, 당시 미국 북장로교(N.P.C.) 음악선교사로 한국에 파송 받았다.

(2) 1929년 평양 숭실대학교 음악과장으로 부임한 이래 1940년까지 평양에서 서양종교 음악의 전래자로 박태준, 김동진, 오현명, 현재명, 한동일, 백건우, 정명화 씨 등 한국의 음악계를 대표하는 인재들을 많이 배출하였다. 박사의 작곡 및 편곡들은 미국과 여러 나라에서 널리 애용되고 있으며, 그의 피아노 독주는 참으로 감동과 은혜가 충만하다.

(3) 일제 식민지 말기에는 미국으로 귀국하셨다가 해방 후에는 1948년부터 1977년까지 부산과 서울에서 고(故) 메이천 박사(Dr. Machen)가 설립한 독립선교부 해외선교부(Independent Board for Presbyterian Foreign Mission) 선교사로서 맥킨타이어 박사(Dr. Carl McIntire)가 이끄는 국제기독교연합회(I.C.C.C.)와 '독립선교부 해외선교부'(I.P.M.)의 한국지부장으로 일생을 마친 귀한 하나님의 사람이었다. 그 뿐만 아니라 의료선교에도 크게 공헌하였다(강원도 홍천군 두촌면 자은리 소재 제이드 하스피탈[Jade Hospital]).

(4) 마두원 선교사는 1961년 성경장로교(B.P.C.)를 설립하고, 김치선 박사를 교장으로 세워 목회자 양성에도 전력하였다. 현재 대한예수교장로회(대신 측) 대한신학교의 모체이다.

(5) 마스베리 선교사는 1977년 8월 3일 강원도 홍천에서 서울로 오는 길에 교통사고로 소천(召天)하셨고, 그의 묘지는 경기도 파주기독교 공원묘지(가 0488)에 안장되었다.

마두원 선교사가 소천하신 후 청와대에서 사모께 연락이 왔는데, 마두원 선교사께 한미 우호 관계 증진, 구제, 병원, 봉사 등 일평생 혁혁한 공을 세웠으므로 국민훈장(Order of Civil Merit)을 수여한다는 내용이었다.

3. 후렌 선교사 부부(Dr. & Mrs. Frelen) 1955-1980

강원도 홍천군 두촌면 자은리 소재 Jaole 병원
앞줄 왼쪽부터 후렌 선교사 부부와 손녀딸, 마두원 선교사 사모와 마두원 선교사

4. 고든 선교사 부부(Rev. Lynn Gray Gordon, & Mrs. Gordon), I.B.P.F.M. 회장(1972~1995년까지)

5. 랩(Rapp, 한국명 라보도) 선교사 부부(Dr. & Mrs. R. S. Rapp),

(1) 랩(Dr. Robert S. Rapp; 한국명 라보도) 선교사는 1951년 펜실베니아주립대학교 1학년 시절 주님을 구주로 영접하고, 1년 후 펜실베니아주 랭케스터(Lancaster, Pa.)에서 개최된 선교사대회(Missionary Conference)에 참석하였다. 그때 랩 선교사는 자신을 하나님께 헌신하기로 서원하였다.

(2) 펜실베니아주립대학(Penn State Univ.)에서 토목공학(Civil Engineering)을 전공하고 졸업한 후(B. S.) 미 해군 장교로 입대하여 복무하고(Lt.J.G.: Lieutenant Junior Grade) 제대하였다.

(3) 펜실베니아주 엘킨스 파크(Elkins Park, Pa.) 소재 페이스신학교(Fatih Theological Seminary)에서 목회학 석사(M. Div.)와 신학 석사(S.T.M.)를 이수하였고, 인디아나주 위노나 레이크(Winona Lake, Ind.)에 있는 그레이스신학교(Grace Theological Seminary)에서 신학 박사(Th. D.)를 취득하였다.
1960년 6월 성경장로교(B.P.C.)에서 목사 안수를 받고 메이천 박사(J. Gresham Machen)가 설립한 미국 독립선교부 해외선교부(I.B.P.F. M.: Independent Board for Presbyterian Foreign Missions) 소속으로 55년간 남미의 브라질, 한국, 파키스탄 등지에서 선교사역을 감당했다. 1990년 이후로는 헝가리에서 선교사역을 감당했다.

(4) 랩 선교사는 슬하에 2남 1녀로 스데반, 다윗, 수잔이 있으며, 13명의 손자와 5명의 증손자가 있어 축복받은 선교사 가정이다. 지금은 펜실베니아주 랭캐스터에 있는 요양원(Calvary Fellowship House)에서 저술 활동을 계속하며 여생을 보내고 있다.

(5) 랩 선교사와 조영엽 선교사의 밀접한 관계

1967년 가을 한국에 선교사로 파송 받고, 주로 신학교육에 주력하여, 현재 웨스트민스터(Westminster)신학대학원, 대학교의 설립자, 총장 직을 지냈다. 본인(저자)은 1967년 가을부터 1972년 도미 유학할 때까지 I.B.P.F.M. 선교부에서 주로 랩 선교사(R. S. Rapp), 말스베리(Dwight R. Malsbary)선교사, 후렌 선교사, 고든(Gordon) 선교사 등의 통역을 맡았고, 특히 랩 선교사와는 밀접한 관계를 맺고 있다.

마두원 선교사의 강원도(강원도 홍천군 두촌면 자은리 소재) 지방 선교(신앙성경학교; Faith Bible Institutes, 제이드 병원; Jade Hospital, 개척 교회들; Pioneer Churches)와 라보도 선교사의 신학 교육을 돕는 등, 조영엽 선교사의 보수 근본주의 신앙을 위한 변호는 열매가 매우 컸다.

6. 조영엽 선교사 부부, I.B.P.F.M.(1984.12.20.~현재까지)

한국계 미국 시민(U. S. Citizen since 1979. 4. 20.)인 조영엽 선교사(Dr. Youngyup Cho) 등이 교육, 전도, 구제 등 다방면의 선교 활동을 해오고 있다.

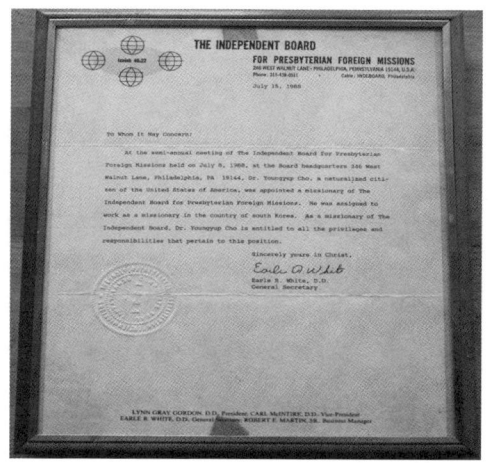

조영엽 박사의 I.B.P.F.M. 한국 선교사 임명장

전 선교부(I.B.P.F.M.) 본부 주소

(246 W. Walnut Lane, Philadelphia, PA. 19144, U.S.A.)

현 선교부 본부 주소

(1000 Germantown Pike. B6, Plymouth Meeting, PA. 19462, U.S.A.)

2006년부터 현재까지.

현 실무 책임자 총무(Executive Director)Rev. Keith Coleman,
ph.(610) 279-0952. www.praysendgo.com

선교부가 지금까지 계속되는 이유는 초창기부터 선교사들이나 선교에 관심 있는 분들이 자신의 재산 등을 비영리단체인 선교부에 기부해 오고 있기 때문이다. 그러나 그 찬란한 역사는 모두 뒤로 하고, 현재 그 기능과 활동은 전시대에 비하면 미약한 편이다.

5

칼 맥킨타이어 박사와 크리스천 비콘지(Christian Beacon) 주간지(weekly)

칼 맥킨타이어 박사는 1936년 그의 나이 30세 때부터 뉴저지주 콜링스우드(Collingswood, N. J.)에서 「크리스천 비콘지」(*Christian Beacon*, 주간지; weekly)를 53년 동안 발행해 왔다.

칼 맥킨타이어 박사가 콜링스우드성경장로교회에 부임했을 때, 그 교회 여비서, Ethel Rink는 후일 「크리스천 비콘지」에 편집부장으로 봉사하였다.

Carl with Miss Ethel Rink, Church secretary when he came to Collingswood, who later became the managing editor of the Christian Beacon

Christian Beacon 건물 계단에서 현 콜링스우드성경장로교회
Christian S, Spencer 담임목사와 저자. 2018.7.8.

(1) 신문은 칼 맥킨타이어 박사가 창설한 미국 기독교연합회(아메리카기독교연합회(A.C.C.C.: 1941. 9. 19.)와 국제기독교연합회(I.C. C.C.; 1948. 8. 11.)의 대변지로서

(2) 전 세계 자유주의 교회들의 연합단체인 세계교회협의회의 기관지 (W.C.C.'s E.P.S.와 Ecumenical Review)

(3) 미국의 자유주의 교회들의 연합단체인 미국기독교연합회 신문 (N.C.C.C.'s in U.S.A. Chronicles)

(4) 신복음주의의 대변지인 「Christianity Today」 등을 대항하여 50년 이상 역사적 기독교 신앙을 변호, 수호해 왔다.

(5) 「크리스천 비콘지」는 I.C.C.C. 활동을 위한 모금 운동에도 크게 기여하였으나, 1990년에 부도를 맞았고, 1996년에 폐간되었다.

칼 맥킨타이어 박사와 20세기 종교개혁의 시간
(20 Century Reformation Hour)-라디오 방송-1955. 3. 7.

칼 맥킨타이어 박사는 하나님의 말씀을 더욱 많은 청중에게 전파하기 위하여 라디오 방송을 시작하였다. 처음에는 필라델피아 WCAM 지역방송국에서 방송을 시작하였다. 방송은 100퍼센트 성공적이었다. "20세기 종교개혁의 시간" 방송이 3년이 지난 1958년 1월 6일에는 Station WGCB 펜실베이니아주 전역에 방송되는 방송이 추가되었다.

The Reformation Building, 1961

The radio broadcast from the Reformation Building
종교개혁 빌딩에서 라디오 방송을 하는 맥킨타이어 박사

1. 선교 모금

<20th Century Reformation Hour> 라디오 방송과 「크리스천 비콘지」 (*Christian Beacon*-주간)를 통해 모금 운동을 하여 처음에는 100,000달러를 모금하였다. 이것으로 용산역 근처에 위치한 5층 건물을 구입하여 총회신학교 건물로 사용하고, 후에 사당동에 위치한 총신대학교로 이전하는데, 나의 스승이신 명신홍 박사가 미8군 공병대 장병들을 동원하여 총신대학교로의 이전에 많은 도움을 주셨다.

1960년부터 1964년까지는 해마다 크리스마스 모금 운동을 하였고,
1965년부터는 모금액의 2배(doubleed),
1966년에는 3배(tripled),
1967년에는 400,000달러를 모금하였다.

2. 뉴스 방송 시작

칼 맥킨타이어 박사는 1955년 3월 7일 처음으로 뉴스(News) 방송을 시작했고, 1956년(51세)부터 "20세기 종교개혁의 시간"(20th Century Reformation Hour)을 매일 아침 30분씩 600개 이상의 라디오 방송국 전파를 통하여 40년 가까이 미국 전역으로 방송해 왔다.

그는 이 방송에서 거의 매일 배교와 공산주의를 이중 위협으로 보고 거칠게 비난했다. 1950~1980년대 냉전 시대에 이 방송은 인기를 끌었다. 1955년 시작부터 5년 안에 전국 600개 이상의 방송국이 맥킨타이어 박사의 목소리를 송출했고, 2000만 명 가까운 청취자가 보낸 기부금이 1년에 200만 달러에 달했다. 여기서 모금한 돈으로 뉴저지주 케이프메이에 호텔 몇 채를 구입해서, 이곳들을 근본주의자들이 모이는 집회소로 개조했다. 추가로 1964년에는 성경학교였던 쉘턴칼리지를 인수하고, 1968년에는 중등학교, 1973년에는 초등학교도 세웠다.

그리고 단파(Short Wave)를 이용하여 캐나다와 전(全) 세계에 방송해 왔다. 그는 전 세계 어느 나라를 가든지 방송 시간이 되면 심지어는 국제 전화선을 연결하여서라도 방송을 쉬지 아니하였다. 설교, 교회와 사회에 당면한 문제들, 곧 대 교회들 안에서의 배교, 정부 내의 자유주의, 공산주의의 공존 반대, 마약, 성교육 등 제반 문제들에 대해서도 방송하였다.

1965년에는 620개 방송국을 통하여 이백 만(20,000,000)명의 청취자들이 들었다.
1972년부터 1973년까지 Cape May의 라디오 방송 면허증을 박탈당하나, 1973년 9월 Navy Ship을 구입하여 방송을 재개하였고,
1979년부터는 라디오 방송을 TV방송으로 대치하였다.

제6부

칼 맥킨타이어 박사와 I.C.C.C

1 칼 맥킨타이어 박사와 미국기독교연합회(A.C.C.C)
2 칼 맥킨타이어 박사와 국제기독교연합회(I.C.C.C.)
3 성경 수련회(Bible Conference Centers)
4 왜 칼 맥킨타이어 박사는 I.C.C.C.를 창설한 후 소천 하실 때까지 한 번도 빠짐 없이 총재직을 맡으셨는가?

1

칼 맥킨타이어 박사와 미국기독교연합회(A.C.C.C)

　칼 맥킨타이어 박사는 미국 전역에 편만해 있는 기독교의 근본 교리들을 신봉하는 교회(교파)들로 1941년 9월 17일(35세) 아메리카기독교연합회(A.C.C.C.)를 조직하였다.

　A.C.C.C.는 미국의 자유주의 교회들의 연합체인 미국연방교회연합회(F.C.C.= Federal Council of Churches, 1908년)와 자유주의 교회들과 타협하는 신복음주의 단체인 전국복음주의협의회(N.A.E.= National Association of Evangelicals)에 반대하여 배교와 불신앙으로부터 교회의 순수성과 역사적 기독교 신앙을 수호하고자 하는 근본주의(보수주의) 교회들의 연합체이다.

　※ F.C.C.는 1950년 11월 28일 부터 명칭을 N.C.C.C. in U.S.A.로 변경하였다.
　※ N.C.C.C. in U.S.A.는 475 Riverside Drive, up town N.Y. Inter-Church Building에 있다.

2

칼 맥킨타이어 박사와 국제기독교연합회(I.C.C.C.)

칼 맥킨타이어 박사는 네덜란드 암스테르담(1948년 8월 11일, 42세)에서 세계교회협의회(W.C.C.)를 반대하여 I.C.C.C.(Inter- national Council of Christian Churches)를 창설하였다. 이는 배교와 불신앙에 대하여 전투적 입장을 취하는 전(全) 세계 보수교회(교파)들의 연합단체이다.

역대 ICCC총회

순번	연	월일	장소	주제	구성원
1회	1948년	8월 11-19일	네덜란드, 암스테르담, English Reformed Church	성경의 그리스도	150 대표, 29개국, 39 교파
2회	1950년	8월 16-23일	스위스, 제네바	20세기 개혁	450 대표, 43 개국, 42 교파
3회	1954년	8월 3-12일	미국, 펜실베니아주, 필라델피아페이스 신학교 (Faith Theological Seminary)	역사적 기독교신앙	1500 대표, 45개국, 54교파
4회	1958년	8월 12-21일	리오-페트로폴리스, 브라질	성경의 그리스도	500 대표, 45개국, 62 교파
5회	1962년	8월 14-20일	네덜란드, 암스테르담	언제나, 오늘이나, 영원토록 동일하신 예수 그리스도	700 대표, 62 개국, 83교파
6회	1965년	8월 5-11일	스위스, 제나바	길이요, 진리요, 생명 이신 예수 그리스도	1000 대표, 53 개국, 140 교파
7회	1968년	8월 12-25일	미국, 뉴저지, 케이프 메이	여호와여 주의 말씀이 영원히 하늘에 굳게 섰사오며(시119:89)	3000 대표, 85 개국, 140 교파

8회	1973년	6월 12-24일	미국, 뉴저지, 케이프 메이	합당하신 어린양 (계 5:12)	
9회	1975년	7월 16-27일	케냐, 나이로비	처음이요, 또 마지막이라(사 48:12)	5000 대표, 85 개국, 230 교파
10회	1979년	6월 15-28일	미국, 뉴저지, 케이프 메이	교회들 가운데 계신 그리스도	
11회	1983년	6월 16-30일	미국, 뉴저지, 케이프 메이	예수 그리스도를 믿는 믿음으로 이기느라	
12회	1988년	6월 6-16일	미국, 플로리다, 케이프 커내버럴	저희도 다 하나가 되어 (요 17:21)	
13회	1990년	8월 8-17일	캐나다, 브리티시, 컬럼바아주, 밴쿠버	신실하고, 전투적이며, 승리적인 그리스도의 교회	
14회	1993년	6월 9-19일	미국, 펜실베니아주, 엘킨스 파크 페이스 신학교	성령과 신부가 말씀하시기를 오라 하시는도다(계 22:17)	
15회	1997년	2월 12-20일	칠레, 산티아고, Intemado Nacional Barros Arana	종말로 나의 형제들아 주 안에서 기뻐하라 (빌 3:1)	
16회	2000년	11월 8-14	이스라엘, 예루살렘, Yad Hash-mona(Emmaus) Holiday Village	21세기 개혁-아멘 주 예수여 오시옵소서 (계 22:20~21)	
17회	2005년	6월 8-14일	대한민국, 강원도, 21st Century Youth Training Centre	일심으로 서서 한 뜻으로 복음의 신앙을 위하여 협력하자 (빌 1:27)	240 대표, 32 개국
18회	2010년	10월 11-15일	필리핀, 바콜로드, Greenhills Christian Fellowship, Manila Bacolod Pavilion Hotel	네가 죽도록 충성하라 (계 2:10)-1	
19회	2012		브라질, 상파울루 Serra Negra	네가 죽도록 충성하라 (계 2:10)-2	
20회	2017년	2월 8-11일	멕시코, 베라크루스주, 코아트사코알코스	내가 복음을 변명하기 위하여 세우심을 받고 (빌 1:16)	

I.C.C.C.가 처음 탄생된 곳은 네덜란드 암스테르담의 개혁교회(Reformed Church)였다. 원래 이 교회는 1419년 10월 19일 가톨릭 성당으로 헌당되었던 교회였다. 그런데 이 교회당은 영국의 청교도들이 스크루비(Scrooby)를 떠나 네덜란드로 건너와 이 교회를 매입하고, 개신교 예배에 맞도록 내부구조를 개조한 뒤, 1607-1619년에 예배드린 교회당이다. 바로 이 교회에서 1948년 8월 11일부터 19일까지 I.C.C.C. 제1차 전당대회가 개최되었다.

1. 제1차 총회

I.C.C.C. 제1차 창립 총회는 "성경의 그리스도"(The Christ of the Scriptures)라는 표어 아래 29개국의 39개 교단 150명의 대표가 모여 20세기 종교개혁의 횃불을 밝혔다.

대표 총대들 이외에도 7개 교파에서 온 선교단체 대표들, 6개 기독교 교육기관들, 그리고 많은 회중이 참석하였다. 이들은 <하나님의 말씀과 예수 그리스도의 증거>를 위하여 창립 총회를 개최했다. 이들은 다음과 같은 교리적 진술서를 채택하였다.

> 특별히, 배교의 암흑세대에 있어서 예수를 믿는 신앙에 대하여 보편적 증거를 하는 것은 주 예수 그리스도를 믿는 모든 신자들의 의무이다. 그와 마찬가지로 여러 나라와 민족의 여러 단체들이 이 협의회를 형성하고 그것을 성도들에게 단번에 주시는 믿음의 증거와 아낌없이 봉헌하여 타협이나 핑계하지 않는 기관으로 여기에 창설하며, 여러 가지 성경적으로 같은 다른 진리와 함께 다음과 같은 교리를 포함하여 증거한다.

(1) 원본에 있어서 성경의 완전 영감과, 성경의 필연적 정확무오성과, 하나님의 말씀으로서 신앙과 행위에 있어서 최고 최종의 권위와

(2) 성부 · 성자 · 성령의 삼위일체 하나님과

(3) 우리 주 예수 그리스도의 본질적 신성과 참되고 온당하지만 무죄한 그의 인성과

(4) 그리스도의 동정녀 마리아 탄생과

(5) 많은 사람의 대속물로 그의 생명을 주신 그리스도의 대속의 죽음과

(6) 죽은 자 가운데서 십자가에 달릴 때와 같은 몸으로의 부활과, 그 예수님의 권능과 영광으로의 재림과

(7) 행위로 아니고 믿음으로 말미암아 말씀과 성령으로 중생하게 하는 하나님의 통치하시는 은혜로 되는 구원과

(8) 구원받은 자의 영생복락, 그리고 버림받은 자의 영벌과

(9) 예수님의 보혈로 구속받은 모든 자들의 그리스도 안에서 연합과

(10) 하나님의 말씀대로 교리와 생활에 있어서 교회의 성결 유지의 필요성들을 믿으며

(11) 사도신경을 성경적 진리의 진술서라고 믿음으로 이 신조 안에 엮어놓는다.[1]

이러한 교리적 진술서를 채택하면서 I.C.C.C. 창설 취지를 다음과 같은 5개 항목으로 밝혔다.

(1) 여러 가지 등급과 각종 명칭 아래 배교가 지교회들과 정식 자격있는 전체 교파들을 이교화하는 현대주의 사조에 휩쓸어 넣고 있는 배교의 암흑시대에 있어서 주 예수 그리스도를 믿는 모든 신자들의 의무는 예수를 믿는 자기 신앙에 대한 보편적 증거를 하는 것이며

---

1 김남식 "국제기독교연합회", 『기독교대박과사전2』(서울: 기독교교문사 1981), 431.

(2) 진정한 교회들의 정당한 권력을 가끔 강탈하고 현재도 침해 하고 있는 현대주의적 지도자들의 편에는 전체적 지배가 현저하게 성행되어 왔으며

(3) 하나님의 백성에게 내리는 하나님의 모든 불신앙과 타락에서 떠나 성별되라는 것이 확실하고 적극적이며

(4) 진정한 신자들의 친선 교제와 협력을 위하여, 복음전파와 그 보수를 위하여, 그 모든 위대한 사실과 역사적 기독교의 계시된 진리와 특히 프로테스탄트 종교개혁의 위대한 교리들에 대한 진실하고 확고하며 세계적인 증거를 지속하기 위하여, 또한 개별적으로보다는 협동적으로 더 잘할 수 있는 과업의 성취를 위하여, 이 세대는 전 세계적 기구형성이 절실히 요구된다고 우리는 확신한다.

(5) 그러므로 본 협의회를 구성하는 여러 국가 민족의 단체들이 성도들에게 단번에 주신 믿음의 증거대로 타협이나 핑계하지 않고 아낌없이 헌신하는 기구로서 I.C.C.C.를 여기 창설한다."[2]

암스테드람의 창립총회에서는 I.C.C.C.의 기능을 다음과 같이 규정하였다.

(1) 주님의 사업에 있어서 상호격려와 협조를 위한 복음주의 교회들과 신도들을 세계적 친선교제를 증진시키며

(2) 전 세계적으로 성경적 기독교의 충성되고 적극적인 신앙부흥을 조성하는 전체 회원 단체들을 격려하며

(3) 현대주의 신신학의 내면적 위험에 대하여 모든 그리스도인들을 각성하며, 모든 불신앙과 현대주의와의 각종 타협과 로마 가톨릭제도를 반대하는 힘과 정신적 통일을 그들에게 호소함으로써 이 노력이 하나님의 은혜

---

2 *Ibid.*

로운 복으로 20세기 개혁을 이루게 되리라는 희망을 모든 교인에게 가지게 하며
(4) 본 협의회에 속한 모든 단체가 개별적으로보다 협동적으로 더 잘할 수 있는 사업을 하기 시작하며
(5) 본 협의회만이 그 회원 단체들이 위임한 문제에 있어서 그 회원 단체들을 대표할 뿐이며, 세계의 어떠한 다른 회도 이 단체들의 대변자라고 주장할 권리가 없다는 사실을 필요한 시기와 장소에 따라 광범위하게 정부와 공공단체에게 주지시키며
(6) 정당한 방법으로 회원 단체들의 선교 사업 촉진을 모색하며
(7) 본 회의 모든 회원을 격려하여 하나님이 힘주시는 대로 세계 각지에 노소 대중교육을 합리주의 병폐에서 떠나 성경에 입각하도록 발전 증진시킴으로써, 결국에는 교육이 전 그리스도인의 신관과 세계관의 대적이 아니라 오히려 교회의 봉사자가 되도록 하며
(8) 본회의 회원들을 격려하여 주일학교 교재가 I.C.C.C. 의 교리진술서와 일치됨을 알게 되어 사용하도록 촉진시키며
(9) 오늘날 기독교적 생활방법에 경고와 위협이 되어온 불신앙과 부덕과 무신론의 진전과 어떤 명목의 이교도의 사상이라도 우리가 지연, 저지시키는 일을 할 수 있다는 신념으로 널리 사회적으로 기독교 생활 모범을 확고히 응립시키는데 I.C.C.C. 의 사명이 있다.

위에서 I.C.C.C. 의 신조, 창립 취지 그리고 사명을 창립총회에서 발표된 그대로 인용하였다. 이런한 바탕 위에 조직된 I.C.C.C. 는 계속하여 총회를 모임으로 세계기구로서 성장하기 시작했다.[3]

---

3 I.C.C.C. 역사에 대해서는 칼 맥킨타이어 박사의 기록을 보라. 이 자료는 조영엽 박사에 의해 한글로 번역되었다.

Cape May, Christian Admiral

2. Christian Admiral

1963년에는 미국 뉴저지주 케이프 메이(Cape May) 해변에 위치해 있는 Admiral Hotel을 구입하여, Christian Admiral로 명칭을 변경하고, 성경 집회, I.C.C.C. 세계대회 등을 개최하는 기독교 수양관으로 사용해 왔다.

3. 교장취임

1964년에는 그곳에 Shelton College를 설립하고 교장에 취임하였다. 그러나 1971년 Shelton College는 뉴저지주의 학교설립인가(Accreditation)를 상실하였다. 1992년에는 쉘톤대학도 폐교되었다. 그 지역 호텔 주인 Gus Andy가 50만 불에 매입하였다. 1993년에는 Christian Admiral도 구입했다.

4. Shelton College 이전

또한, 1971년에는 플로리다주 케이프 캐나베랄(Cape Canaverrel)의 힐튼호텔을 구입하여 Christian Admiral로 명칭을 변경하고, 역시 성경 집회, 세계대회 등을 개최하는 기독교 수양관으로 사용해 왔다. 그리고 1971년 뉴저지주의 학교설립인가를 상실한 Shelton College를 이곳으로 이전하였다.

케이프 캐나베랄의 힐튼 호텔(플로리다)

3

성경 수련회(Bible Conference Centers)

(1) Christian Admiral in Cape May, NJ-1962년
(2) Cape Canaveral, FL-1971년→ Christian Admiral로 명칭변경
(3) Faith Theological Seminary, Elkins Park, pa. 1937. 9.
(4) Admiral Hotel → Shelton College
　기타 세계 여러 나라에서!

[4]

왜 맥킨타이어 박사는 I.C.C.C.를 창설한 후 소천 하실 때까지 한 번도 빠짐 없이 총재직을 맡으셨는가?

확실한 근거(Fact)를 확인함도 없이, 비판을 좋아하고 영적 분별력이 없는 사람들이 맥킨타이어 박사를 가리켜 독재자로서 명예욕과 물질욕이 강한 사람이라고 정죄하였다. 그러나 I.C.C.C. 헌장에는 총회 때마다 총재직을 선출하도록 규정되어 있고, 헌장대로 투표하여 총재직을 맡게 되었다.

칼 맥긴타이어 박사는 총회 때마다 총재직을 사양하였으나 총회 총대 전원이 총재직을 강권하였다. 이 세기에 그만한 인물이 없었기 때문이다.

제7부

맥킨타이어 박사와 국제관계

1. 칼 맥킨타이어 박사와 목회관
2. 칼 맥킨타이어 박사와 한국전쟁
3. 칼 맥킨타이어 박사와 월남전쟁
4. 칼 맥킨타이어 총재와 장개석 총통과의 관계

1

칼 맥킨타이어 박사와 목회관
(Not a Materialist)

1. 사례금

일평생 한 교회에서만 목회하신 목사로 일평생 자신의 사례금 인상을 요청하시거나, 사택을 옮기지 않았다. 1957년 콜링스우드성경장로교회 헌당식을 거행할 당시 사례금이 년 1,500달러이었는데, 목회 사역 50주년이 지나서 사례금은 년 35,000달러이었다.

사례금은 항상 교회 예산 지원비가 먼저 정리된 후에 받았으며, 안식년, 희년, 연가, 휴가 같은 일정은 일평생 한 번도 상상할 수 없었다. 일꾼은 적고, 추수할 것은 많고, 사명에는 불탔기 때문이다.

2. 교회 예산

교회 예산비 50퍼센트는 선교 헌금으로 사용했다. 은퇴 자금 저축이나 은퇴할 생각은 추호도 없고, 어떠한 보험에도 가입한 일이 없었다. 성도들이 사적으로 드리는 성금과 여비는 하나님의 일에 100퍼센트 사용하고도 항상 부족하였다.

이 세상 사는 동안 주님의 일에 힘쓰고, 이 썩을 장막 떠날 때 주님의 얼굴 뵈오리!

교회의 참 지도자들을 존경하라(Honor the True Church Leaders)!

3. 말씀과 가르침에 진력하는 목회자를 존경하라

> 잘 다스리는 장로들을 배나 존경할 자로 알되 말씀과 가르침에 수고하는 이들에게는 더욱 그리 할 것이니라(딤전 5:17-18).

본문은 교회를 잘 다스리는 장로와 말씀과 가르침에 진력하는 목회자를 존경할 것과, 목회자의 예우에 대한 교훈의 말씀이다.

(1) 말씀과 가르침에 진력하는 목회자를 존경하라

① 잘 다스리는 장로들을 배나 존경하라

본문에 "장로들"은 다스리는(치리하는) 장로들을, "말씀과 가르침에 수고하는 이들"은 설교와 치리를 겸한 목사(목회자)를 가리킨다.

"잘 다스리는 장로들"(칼로스 프로에스토테스 프레스뷰테로이; well ruling elders)은 교회의 직분 명칭을 가리킨다(행 11:30; 15:2, 4, 6, 22, 23; 20:17, 21:18). 또한, 이 동일한 단어 프레스뷰테로이(presbu,teroi; an old men, older man)는 늙은이, 연장자를 가리키기도 한다. 그런데 본문의 프레스뷰테로이가 교회의 공적 직분인 장로를 가리키는 이유는 "잘 다스리는"(칼로스 프로에스토테스; rule well)이라는 말씀과 본문의 내용 자체가 증명한다.

"잘 다스리는 장로"는 교회를 잘 감독하고 다스리는 치리 장로들을 가리킨다. 그런데 여기서 "잘 다스리는"이라는 단어는 교회에서뿐만 아니라(딤전 3:13; 5:17), 가정에서도 적용되는(3:4, 12) 포괄적 용어이다.

"다스리는"(프로에스토테스; ruling, managing, governing; 다스리는, 관리하는, 지배하는)라는 단어는 '프로이스테미'(to preside, manage, govern; 지배하다. 인솔하다. 관리하다, 다스리다)의 완료 분사(perfect of the participle)로서 장로는 지금까지 계속 교회를 잘 다스려오고 있으며, 지금도 계속 잘 다스리고 있음을 가리킨다(딤전 3:4 참조).

② 참 목회자를 후대하라

특별히 말씀과 가르침에 수고하는 이들을 더 할 것이니라(딤전5:17).

"특별히"(말리스타; the most, most of all, above all, especially)는 "가장, 무엇보다 더, 특별히"라는 부사이다. 이 단어는 '말라'(more, rather; … 보다 더)의 최상급이다.

"말씀과 가르침"은 설교와 가르치는 것(로고 카이 디다스칼리아; preaching and teaching)을 가리킨다. 말씀과 가르침에 수고하는 이들은 목사(목회자)를 가리킨다. 그 이유는 설교와 가르치는 것은 목사의 직무이기 때문이다.

"수고하는"(코피온테스; working hard, toil; 열심히 일하는)은 '코피 아오'(to work hard, toil; 열심히 일하다, 수고하다, 힘써 일하다)의 분사형이다. 따라서 설교와 가르침에 계속 진력하는 참 목자를 가리킨다.

"배나 존경하라"(디프레스 티메스; double honor)는 말씀은 인격적인 대우를 가리킨다.

기도와 말씀 연구와 설교와 가르침에 진력하는 목회자를 존경하라. 목사의 신분을 보아 존경할 것이다. 목사의 인격을 보아 존경할 것이다. 목사의 경륜을 보아 존경할 것이다. 목사의 학력·경력·경륜을 보아 존경할 것이다. 목사의 말씀 지도를 받음으로 존경할 것이다.

4. 참 목회자를 예우(Remuneration; 사례, 예우)하라

> 성경에 일렀으되 곡식을 밟아 떠는 소의 입에 망을 씌우지 말라 하였고 또 일꾼이 그 삯을 받는 것은 마땅하도다(딤전 5:18).

사도 바울은 말씀과 가르치는 일에 전심전력하는 참 목회자를 어떻게 대우(예우)할 것인가를 교훈하였다. "배나 존경하라"는 말씀에는 교역자의 예우(사례)도 포함된다. 사도 바울은 충성되고 진실된 목회자의 예우에 대하여 모세오경의 말씀과 주님의 말씀을 인용하여 교훈하였다. 바울은 구약과 신약을 동등한 하나님의 말씀으로 믿었다.

"성경에 일렀으되"(헤 그라페; the Scripture; 그 성경)는 성경 앞에 관사가 있어서 성경의 어느 한 특정 구절을 지적한다. 어느 한 특정한 구절이란, 사도 바울이 인용한 모세오경의 한 말씀과 주님이 하신 한 말씀을 가리킨다.

"성경에 일렀으되"라는 말씀은 "성경이 말씀하시기를"(레게이 헤 그라페; the Scripture says)이다. "성경이 말씀하시기를"이라는 말씀은 성경을 인격화(personified)한 것이다. 그러므로 "성경이 말씀하기를"이라고 하였다. 성경은 바로 하나님의 말씀이다(딤후 3:16).

성경이 말씀하시기를 "일하는 소에게 망을 씌우지 말라 일군이 삯을 받는 것이 마땅하니라(신 25:4)"고 하였다. 성경이 말씀하였으면 더 이상 이러쿵저러쿵 왈가왈부가 있을 수 없다. 그 이유는 성경은 바로 하나님의 말씀이요, 하나님의 말씀은 최고의 권위를 지닌 최종 판결 선언, 신앙과 행위의 표준이기 때문이다.

"성경이 말씀하시기를"(헤 레게이; Scripture says)을 현재형으로 말씀하였다. 다시 말하면 일하는 소에게 망을 씌우지 말라는 말씀은 적어도 1,500년 전 모세를 통하여 주신 하나님의 말씀이요, "일군이 삯을 받는 것이 마땅하도다"라는 말씀은 예수님께서 70인을 전도 파송하시면서 하신 말씀이다. 과거에 하신 말씀임에도 그 말씀이 현재도 말씀하고 있다. 그 이유는 이 말씀들이 바로 영구불변한 하나님의 말씀들이기 때문이다.

(1) 모세오경의 말씀을 인용하였다

타작마당에서 "곡식을 밟아 떠는 소의 입에 망을 씌우지 말라"(신 25:4)고 하였다. 부지런히 일하는 소에게는 망을 씌우지 않는다. 하물며 기도와 설교와 가르침에 진력하는 하나님의 종이 소신껏 목회할 수 있도록 교회는 힘닿는 대로 충분한 사례를 드려야 할 것이다.

(2) 주님의 말씀을 인용하였다

"… 또 일군이 삯을 받는 것이 마땅하도다 하였느니라"(마 10:10, 눅10:7)고 하였다. 삯은 사람이 땀 흘려 열심히 일한 데 대한 보상, 곧 수고한 일값이다.

이 말씀은 주님이 제자들을 파송하시면서, 그리고 70인 제자들을 파송하시면서 하신 말씀이다. 전도자는 하나님만 전적으로 의지하고 자기의 사명에만 충성하면 의식주 문제는 주의 백성들(성도들)이 기꺼이 보살펴 주실 것이다.

(3) 신명기 25장 4절을 인용하였다

> 모세의 율법에 곡식을 밟아 떠는 소에게 망을 씌우지 말라 기록하였으니 … (고전9:9).

"곡식을 밟아 떠는 소"(분 알로온타; a threshing ox)는 곡식을 타작하는 소를 말한다.

"망을 씌우지 말라"(우 피모세이스; you shall not muzzle)는 입마개를 씌우지 말라는 것이다.

이 말씀은 농부와 일하는 소와의 실례를 들어 하나님의 종들이 주인에게 충성하며 맡은 사명에 전심전력을 다하면, 나머지는 하나님이 다 아셔서 보살펴 주신다는 말씀이다.

(4) 사도 바울은 고린도 교회에 보내는 서신에서도 군인·농부·목자 등의 예를 들어, 진실된 목회자, 기도와 말씀 교훈에 진력하는 하나님의 종에게 잘 대우할 것을 교훈하였다(고전 9:7-9).

> 성전의 일은 하는 이들(제사장, 문지기, 관리인, 성가대 등)은 성전에서 나는 것을 먹으며, 제단을 모시는 이들은 제단과 함께 나누는 것을 너희가 알지 못하느냐(고전 9:13).

구약시대 성전에서 일하는 자들은 레위인들로서 그들은 분깃을 받지 않았으며 성전에서 일하는 것이 본업(full time)이었다. 그리고 제단을 모시는 이들은 제사장들이었다. 그들은 이스라엘 백성이 바치는 십일조(민 18:21)로 생활하였다. 물론 그들도 십일조를 하나님께 드렸다.

> 이와 같이 주께서도 복음 전하는 자들이 복음으로 말미암아 살리라 명하셨느니라(고전 9:14).

하나님의 종은 삶을 위하여 일하지 않고 사명에 불타 하나님의 일을 한다. 바로 이 이유로 세상의 종업원 개념과는 상이하다. 그러므로 사례금을 매월 초에 드린다. 그리고 도서비, 목회비를 위시하여 하나님의 일을 소신 껏 할 수 있도록 물질적으로 지원한다.

문제는 다수의 중대형 교회들은 너무 과다 지출이 문제이고 어떤 교회들은 목덜미를 잡아서 문제이다.

사도 바울은 목회자의 대우(예우)에 관하여 교훈하면서도 자신을 위하여는 요청한 바 없다. 우리 교회도 하나님의 종이 하나님의 일을 소신껏 할 수 있도록 교회가 부흥되고 성도들이 하는 모든 일에 복을 주시기를![1]

---

1 조영엽 박사, 『디모데전서 주석』(원문교리중심) (CLC: 2014년 11월 15일 개정증보판), pp.431-436.

2

칼 맥킨타이어 박사와 한국전쟁
(Carl McIntire and the Korean War)

칼 맥킨타이어 박사는 세계적 반공주의자(Anti-Communist)로서 세계평화에 큰 기여를 해 왔다. 그는 1950년대 해리 S. 트루먼(Harry S. Truman) 대통령 시대에 미국국가안보위원회(National Security Council)의 일원이었으며, 1950년 6월 25일 한국전쟁 당시 미군과 유엔군을 한국전에 파병하도록 미국 정부와 국민에게 호소하기도 했다. 대한민국 국민은 칼 맥켄타이어 박사께 깊을 수 없는 사랑의 빚을 졌다. 이승만 대통령과 미국 투르먼 대통령 한미상호방위조약을 체결했다.

이승만 대통령과 해리 트루먼 대통령
가운데에 프란체스카 여사가 보인다.

한미상호방위조약에 가조인하는 변영태 외무장관과 덜레스 미국무장관 뒤에서 이승만 대통령과 백두진 총리, 임병직 등이 지켜보고 있다

한미상호방위조약 가조인이 끝난 뒤 악수하는 이승만 대통령과 덜레스 미국무장관

맥킨타이어 박사와 박정희 대통령 대담

3

칼 맥킨타이어 박사와 월남전쟁
(Carl McIntire and the Vietnam War)

월남전 당시(1970-1971)에는 월남전을 지지하기 위해 미국의 수도 워싱턴 D. C.에서 "승리를 위한 행진"(March for Victory)을 주도하여(40만 명 이상이 참여), 전국 언론의 주목을 이끌었다.

워싱턴에서 열린 승리를 위한 행진 March for Victory

국회의원과 나란히 깃발을 들고 행진하는 맥킨타이어 박사

맥킨타이어 박사와 응우옌까오끼 월남 부통령

[4]

맥킨타이어 총재와 장개석 총통과의 관계

맥킨타이어 박사와 장개석 총통

1. 한국의 이승만 대통령과 대만의 장개석 총통과는 친밀한 사이였다. 그러므로 I.C.C.C. 맥킨타이어 총재는 장개석 총통 장례식에 직접 참석하였다.

2. 대만(Taiwan)의 장개석 총통은 20세기 인류역사상 가장 위대한 인물 중 한 사람이었다. 장개석 총통은 1887년 10월 31일 태어났고, 1974년 4월 5일 하나님의 부르심을 받아 소천하여 천국에서 영원 안식을 누리고 있다.

3. 장개석 총통은 I.C.C.C. 세계대회와 I.C.C.C. 극동지역대회(The Far eastern Council of Christian Churches)가 개최될 때마다 칼 맥킨타이어 박

사와 I.C.C.C. 총대들에게 축전을 보냈다.

4. 장개석 총통은 맥킨타이어 총재에게 수차례에 걸쳐 군통수권자로서 수여하는 최고훈장(The Armed Forces Medal)을 수여하였다. 종교계의 지도자들로서는 처음이요 이례적인 일이다.

5. 도드 박사(Dr. A. B. Dodd; I.C.C.C. 부총재)는 장개석 총통과 절친한 친구였다.

6. 장개석 총통은 1965년 8월 5-11일까지 스위스 제네바에서 개최된 I.C.C.C. 제6차 세계대회에서는 I.C.C.C. 산하 전 세계 교회와 사회에 크게 기여해온 데 대한 장문의 축하 서한을 보냈다.

7. I.C.C.C. 제7차 세계대회가 1968년 8월 12일부터 25일까지 미국 대서양 연안 뉴저지 케이프메이(Cape May, NJ.)에 있는 크리스천 애드미럴(Christian Admiral; I.C.C.C.의 큰 건물 중 한 곳)에서 개최되었을 때에도 I.C.C.C.는 역사적 기독교 신앙과 공산주의자들의 음모와 침투에 대항하여 가장 효과적으로 활동하고 있음에 깊은 감사(hearty)의 축전(congratulation)을 보냈다.

8. 일평생 동안 중국대륙이 공산주의에서 해방되어 자유민주주의 국가가 되기를 염원하였다. 매일 정오 시간을 기준으로 하나님께 헌신하는 시간, 성경 말씀을 읽고, 묵상하는 시간을 가지셨다.

9. 장개석 총통(President Chiang Kai-shek) 국장에 참석

1975. 4. 16. 국제기독교연합회(I.C.C.C.) 총재 칼 맥킨타이어 박사와 총무 J.C. Moris 박사는 장개석 총통의 장례식에 참석하였다.

장개석 총통께서는 I.C.C.C. 대회 때마다 칼 맥킨타이어 박사와 I.C.C.C. 대회에 축전을 보내주셨다. I.C.C.C.야말로 가장 세계적인 보수적 기독교 단체이며, W.C.C.와 무신론 공산주의를 반대했기 때문이다.

장례식이 끝난 후 미국으로 돌아가는 길에 동경주재 외국인기자협회(The Foreign Correspondent Press Club in Tokyo)에 초청을 받아 연설한 후, 외국인기자협회에서 감사패를 전달하고, 명예회원(Honory member of the Club)으로 위촉되었다.

제8부

맥킨타이어 박사의 말년

1 칼 맥킨타이어 박사와 한국 교회
2 칼 맥킨타이어 박사의 사모 소천(1992. 9. 17)
3 칼 맥킨타이어 박사와 자동차 사고(1993. 6. 27)
4 칼 맥킨타이어 박사의 재혼(1995년 7월)
5 칼 맥킨타이어 박사의 장례식
  (2002. 3. 19; 95세 소천)
6 칼 맥킨타이어 박사와 이성 문제
7 칼 맥킨타이어 박사가 남긴 교훈
8 칼 맥킨타이어 박사의 저서 목록

1

칼 맥킨타이어 박사와 한국 교회

맥킨타이어 박사가 한국 개신교와 관계 맺은 기간은 그리 길지 않았지만, 그가 남긴 흔적은 깊고 짙었다. 맥킨타이어 박사는 한국을 사랑한 애(愛)한파, 한국을 잘 알았던 지(知)한파로 한국을 50회 이상 방문해서 보수 신앙을 세우기 위해서 노력했다.

맥킨타이어 박사가 한국에 애착한 이유는 그가 미국에서 경험한 장로교 분열 역사와 한국 장로교 분열 역사가 깊게 맞물려 있는 데다, 1940년대 이후 투신한 공산주의와의 투쟁이 한국 현대사 및 교회사에서도 절대적인 영향을 끼친 것이 현실이었기 때문이다. 그는 1952년에 새로 탄생한 예장 고신 교단과 연관을 맺었다.

1959년에는 I.C.C.C. 한국지부장 및 I.C.C.C. 국제 본부의 부회장직을 맡은 마두원 선교사의 중재로 고려신학교는 I.C.C.C. 로부터 수년간에 걸쳐 많은 금액을 지원받았는데, 아마도 성경장로교회와 고신 교단, 페이스 신학교와 고려신학교가 신학 입장이 같았기 때문일 것이다.

1. 고신교단

한국인으로서 한국 교회에 I.C.C.C. 를 공식 소개한 첫 인물은 박윤선이다. 그는 1950년에 I.C.C.C. 가 WCC에 대항할 수 있는 기구로서, 전통적인 복음신학을 선양하는 진리의 깃발을 들고, 26개국 61개 교단이 참여하는 조직이라는 찬사를 아끼지 않았다.

1953년 10월에는 고려신학교 교수진(한국인 교수로는 한상동, 박윤선, 박손혁, 외국인 교수로는 헌트, 해밀턴, 치솜[이상 OPC 소속], 말스배리[BPC 소속])과 학생 일동이 학교의 교리 선언문을 영어로 작성하고 서명하여 I.C.C.C. 에 보냈는데, 아마도 I.C.C.C. 에 연결된 말스배리의 중재 때문이었을 것이다. 1954년에는 고려신학교 관련 인사들인 박윤선, 한상동, 이약신, 박손혁 목사가 8월 3일부터 18일까지 미국에서 열린 I.C.C.C. 제2차 총회에 옵서버로 초청받아 참석했다. 회의 참석 후 이들은 정통장로교회, 성경장로교회, 북미주개혁교회(CRC) 교단을 방문해 교제하고 연설한 후 10월에 귀국했다. 놀랍게도, 페이스신학교는 한상동과 박윤선에게 명예박사 학위를 수여하기까지 했다.

1959년 4월에는 고신의 김경래 장로와 함께, 중국인 성도 네 명이 I.C.C.C. 의 초청으로 미국을 찾아 중공과 북한의 실체를 알리는 연설을 하기도 했다. 이 시기까지 맥킨타이어 박사 및 I.C.C.C. 와 한국 교회의 관계는 고신 교단에만 제한되어 있었다.

2. 합동교단

박형룡 박사는 1950년대 이래 반공, 반자유주의(반WCC), 반복음주의(반NAE· 반WEF· 반RES) 등, 맥킨타이어가 적으로 간주하고 투쟁한 주제와 태도를 거의 그대로 답습했다. 심지어 교회론과 종말론에서도 1970년대에 이르면 역사적 개혁주의와는 달리, 근본주의와 세대주의의 분리주의 교회관, 또한 역사적 전천년주의에 근거한 종말론에 집착했다.

맥킨타이어 박사는 '한국 크리스마스 기금'(Korean Christmas Fund)으로 10만 달러를 모금했다. 이 기금이 1960년에 한국으로 보내진 후, 일부는 고

아를 위해, 일부는 1959년 분열 이후 대부분 WCC 회원 교단 소속인 미국 북장로교와 남장로교, 호주 및 캐나다 선교사들의 후원을 상실한 '승동 측'(합동) 총회신학교(교장 박형룡)를 위해, 그리고 남산(용산)에 신학교를 매입하는 비용으로 활용되었다.

1959년 9월 셋째 주 목요일 대한예수교장로회 제44차 총회(대전중앙교회, 양화석 목사 시무)에서 보수주의 교회들(합동 측)과 자유주의 교회들(통합 측)이 비성경적 연합 운동(Unbiblical Ecumenical Movement) 문제로 분열된 직후 1960년부터 한국을 거의 매년 방문하고, 한국의 교회들을 영적, 신앙적, 경제적으로 다방면에 걸쳐 지원해 왔다.

3. 재정지원

(1) 합동 측, 대신 측, 호헌 측, 성결교, 예수교감리회, 예수교침례교 등 여러 교파와

(2) 합동 측 총회신학교(현 총신대학교), 대한신학교, 성경장로교신학교, 강원도 홍천군 두촌면 자은리 소재 성경신학원 등에 재정을 지원하였으며,

(3) 전국 농어촌 미자립 교회들, 고아원들, 병원들, 군목들에게 원조와 보조비를 다년간 지원해 왔다.

(4) 특히, 장로교 보수진영(합동 측)이 통합 측과 분열된 후 신학교 교사가 없을 때, 신학 교육 시설자금으로 당시 10만 달러($100,000)의 거액을 지원하였으며(그 자금으로 용산역 근처의 빌딩을 매입하고 신학교로 사용하다가 현 사당동으로 이전),

(5) 현 대한신학교 건물(서울역 뒤 청파동 소재)도 구입하도록 100퍼센트 지원하였다. 그리고 대한신학교는 김치선 박사를 교장으로, 마스베

리 박사(Dr. Dwight R. Malsbary, 한국명 마두원 선교사)가 이사장으로 여러 해 동안 운영하였다.

(6) 안양대학교는 대한신학교에서 파생된 학교이다.

4. 한국 교회와 단절

I.C.C.C. 및 맥킨타이어 박사와 관계를 맺은 장로교 보수 진영인 고신과 합동 측은 2년이 채 지나지 않은 1961년에 I.C.C.C. 와 관계를 공식 단절했다. 1960년 12월에 고신과 합동이 전격 통합된 후 1961년 9월 21~22일 열린 제46차 총회에서, 고신 출신의 당시 총회장 한상동은 "회장이 총회 산하에 있는 개인이나 단체로 I.C.C.C. 에 우호 관계를 맺을 수 없음을 선언한다"고 공표했다.

이 선언은 지나치게 극단적인 분리주의와 공격에 혈안이 된 I.C.C.C. 와의 관계 단절을 요청하는 청원이 당시 총회에 올라온 후, 정치부와 총회에서 깊은 논의를 거쳐 결정된 사안이었다.

다음 해 47차 총회에서는 I.C.C.C. 국제대회에 참석하고 귀국한 인사들이 공개 사과하는 일이 있었고, I.C.C.C. 와 우호 관계를 지속한 회원에 대해서는 권면위원 3인이 설득하고 권면하기로 하는 결정이 내려지기도 했다. 이렇게 해서 합동은 1961년부로 공식적으로 I.C.C.C. 와의 관계를 단절했다.

합동의 관계 단절 이후에도 신학적으로 보수적이면서, 재정 상태가 취약한 장로교 및 성결교 교단이 I.C.C.C. 와의 관계를 얼마간 더 유지했다. 그러나 기독교대한성결교회에서 1962년에 이탈한 후 I.C.C.C. 와 관계를 유지하던 예수교대한성결교회는 1965년, 예장대신 교단의 전신인 대한예수교성경장로회는 1968년, 환원 후 I.C.C.C. 의 도움을 다시 받던 고신은 1971년에 각각 I.C.C.C. 와 단절하였다.

2

칼 맥킨타이어 박사의 사모 소천(1992. 9. 17)

1. 아내 페어리(Fairy)의 소천

  일평생 남편 칼 맥킨타이어 박사를 보필하신 사모 페어리 유니스 데이비스(Fairy Eunice Davis)는 1990년 림프암(Lymphoma cancer)을 앓게 되었다. 2년 동안 병마와 씨름하고 1992년 9월 17일 펜실베니아주 필라델피아 병원에서 소천하였다. 61년 부부생활을 하는 동안, 사모는 항상 맥킨타이어 박사 편에서 남편을 보필하며 남편과 이상(dream)을 같이 하였다.
  1992년 9월 17일 칼 맥킨타이어 박사의 사모 페어리 데이비스는 소천하셨고, 장례식은 1992년 9월 17일 거행되었다. 장례식에는 수많은 조문객이 운집하였고(Collingswood City) 고위직 인사들도 장례식에 대거 참석하여 조의를 표하였다. 사모은 61년 동안 결혼생활을 하면서 남편 곁에서 마음과 뜻을 같이하며 남편의 제1 조력자로 생애를 마쳤다.

2. 칼 맥킨타이어 박사의 사모 페어리(Fairy) 사후 그의 간증

  칼 맥킨타이어 박사의 아내 페어리(Fairy)는 일평생 어떤 환경 가운데서도 항상 박사 곁에서 cleaning(씻기고), sorting(챙기고), planning(계획하고), dream(이상, 꿈)을 같이 하였다. 사모의 이상과 꿈은 칼의 이상과 꿈을 더욱 크게 하였다.

칼 맥킨타이어 박사는 다음과 같이 아내를 추억한다(reminisce).

주님은 우리가 항상 한 정신(one mind)을 갖게 하셨으며, 그러므로 우리는 우리의 모든 여정에서 그리고 우리의 모든 영적 전투에 있어서, 우리의 믿음, 우리의 기도, 주님을 향한 우리의 사랑 등에서 항상 하나로 동참(joined)하였다. 어느 목회자 부부도 우리 부부보다 더 좋은(finer), 더 축복받은 동반자(companion)는 없다고 생각한다. 아내는 각각의 모든 issue(문제)마다 가슴에 품었고, 우리는 그 모든 문제마다 같이 논의하고 같이 결정할 수 있었다. (The Lord brought us together with one mind, and in all our journeys and in all our struggles we were joined together in our faith, our prayers, our love for Christ. No pastor ever had a finer and more blessed life companion, She kept abreast of every issue and we were able to discuss the problems and decisions together.)[1]

아내는 영적 전투의 정병(fighter)으로 강한 의지를 지니고 있었다. 아내의 흐르는 피 속에는 추호의 후퇴나 타협이 없었다. 아내는 죽는 순간까지도 그 정신에 변함이 없었다. (She was a fighter and very strong willed. There was not an ounce of retreat or compromise in her blood. She had the spirit up till the moment of the death.)

페어리(Fairy)와 내가 결혼할 때 약속한 것이 있었는데, 그것은 곧 우리가 어디를 가든지 동행하기로 약속하였고, 그 약속을 지금까지 지켜왔다는 것이다. 한국을 50회 이상 동행하였다. 아내와 나는 이 작은 지구를 24회 이상 돈 거리만큼 동행하였다. 우리는 한마음, 한 신앙, 한 사랑을 가졌으니, 우리는 참으로 혼연일체였다. (When we married, she extracted a promise from me

---

1 *Christian Beacon*.September 22, 1983.

that I would tker her wherever I went. We kept that promise in all these world travels as I have been President of the I.C.C.C.. More than 50 times we were in South Korea. She journeyed around this little globe 24 times… I had a companion of one heart, one faith, one love and we were indeed one.)

3

칼 맥킨타이어 박사와 자동차 사고 (1993. 6. 27)

칼 맥킨타이어 박사는 사모가 소천(1992년 9월 17일)하신 지 1년도 되기 전에, 본인의 과실로 자동차 사고를 냈다.

맥킨타이어 박사는 1993년 I.C.C.C. 제14차 세계대회(I.C.C.C.'s 14th World Congress)를 페이스신학교에서 마친 후, 페이스신학교 브라질 분교 졸업식 참석차 급히 브라질로 떠났다. 그리고 귀국한 지 바로 얼마 안 되어 주일 오전 설교를 마친 후 종교개혁 빌딩(Reformation Building) 근처에서 사고를 냈다.

> After delivering a triumphant sermon on Sunday morning, Dr. McIntire had an accident a few yards from the Reformation Building. He doesn't remember and no one knows how it happened. His car ploughed into the cement steps of a house across from Irvin Avenue and trapped him inside it. An ambulance took him to Cooper Hospital in Camden, where a team of expert bone surgeons worked on his leg, his arm, his wrist, and his pelvic bone. It was very painful.

구급차가 칼 맥킨타이어 박사를 뉴저지주 Camden City에 있는 Cooper Hospital로 긴급 이송하였고, 병원의 뼈 전문 외과 의사들은 칼 맥킨타이어 박사의 다리, 팔, 허리뼈를 수술하였다. 통증이 심하였다.

회복 기간은 만 4개월 반이었으며, 퇴원 후 목발(crutches)을 의지하고 감사절 설교를 하셨다.

87년 동안 하나님께서 나를 지켜주시고, 치유해 주셔서 감사합니다. 나는 예수 그리스도께 감사! 하나님이 성경을 기록하여 우리에게 주셨음을 감사합니다. (It is Thanksgiving, a glorious Thanksgiving. I am writing this from the hospital where I have been since June 27th. God is healing me. He has raised me up… The Lord could have taken me at 87, but He has worked these wonders and I want you to rejoice and give thanks with me.)

4

칼 맥킨타이어 박사의 재혼 (1995년 7월)

1995년 7월에는 일평생 여비서로 칼 맥킨타이어 박사를 섬겼던 76세의 미망인 앨리스 고프(Alice Goff)와 재혼하였다. 재혼식에는 양가의 가족들이 모두 참석하여 뜨거운 박수를 보냈다. 앨리스 고프 사모는 7년 가까이 칼 맥킨타이어 박사의 남은 여생을 잘 수종 들고, 약 3-4년 전에 소천하셨다. 앨리스 고프 사모의 자녀들은 어머니를 아버지의 묘에 안장하였다. 천국에는 둘째 사모의 상급 또한 크리라고 확신한다.

칼 맥킨타이어 박사는 1998년 92회 생신을 맞이하여, 아들, 딸, 손자, 손녀, 증손자, 증손녀, 4대의 온 가족이 모여서, 생일 축하 파티를 성대하게 열었다.

5

칼 맥킨타이어 박사의 장례식(2002. 3. 19; 95세 소천)

칼 맥킨타이어 박사는 공산주의와 에큐메니컬 운동과의 영적 전쟁을 하시다가 뉴저지주 Voorbees에 있는 Virtue Hospital에서 2002년 3월 19일, 향년 95세로 소천하셨고, 그의 몸은 미국 뉴저지주 콜링스우드 캄덴지역 할리아 공동묘지(Harleigh Cemetery, overlook, Lot 315 1/2, Gr 1., Camden, N. J.)에 안장되었다.

맥킨타이어 박사와 신앙의 동지들 무덤에는 출생년(1906)과 소천년(2002)만 새겨져 있고 비석(Monument)이 없다. 내가 나 된 것은 온전히 하나님의 은혜(고전 15:10)이기 때문이다.

제8부 | 5. 칼 맥킨타이어 박사의 장례식(2002. 3. 19; 95세 소천)

칼 맥킨타이어 박사의 장례식에는 전 세계에서 수많은 기독교계의 지도자들과 각계각층의 인사들이 조문객으로 와서 칼 맥킨타이어 박사의 천국 환송 예배에 참석했다.

때 : 2002. 3. 19.
장소 : 콜링스우드성경장로교회(Collingswood Bible Presbyterian Church, New Jersey, U.S.A.)
설교 : Dr. Robert Anderson(타코마성경장로교회 38년 시무)

설교자는 칼 맥킨타이어 박사가 평생 좋아하던 요절 고린도전서 15장 58절을 봉독했다. 이 말씀은 맥킨타이어 박사의 영적 전투에 큰 에너지가 되어 왔다.

> 그러므로 내 사랑하는 형제들아 견고하며 흔들리지 말고 항상 주의 일에 더욱 힘쓰는 자들이 되라 이는 너희 수고가 주 안에서 결단코 헛되지 않은 줄 내가 확실히 아노라 (고전 15:58).

칼 맥킨타이어 박사는 말씀하셨다.

> …나는 설교를 좋아한다. 여러분들이 아시는 바와 같이 우리 교회 성도들은 담임목사가 최전선(battlefront)에서 영적 전투에 개입할 때 적극적으로 동참하는 것을 특권으로 생각하고 있다.

앤덜슨 목사의 사모 Nancy Titzck Anderson은 7살 때부터 콜링스우드 성경장로교회에 출석하면서 여름성경학교(Summer Bible School)를 비롯하여 교회의 모든 활동에 적극적으로 참여했으며, 자신의 결혼식에도 칼 맥킨타이어 박사가 주례를 맡으셨다.

사모는 목회자의 아내로서 38년 동안 남편을 잘 보필하셨고, 음악도 가르치셨다.

앤덜슨 목사는 2004년 타코마성경장로교회를 사임하고, 은퇴 후 지금은 팬실베니아주 말커스 후크(Marcus Hook, Pennsylvania)에 있는 성경장로교회에 부임하셨다. 이 교회는 예전에는 Chester Bible Presbyterian Church이었다. 장례식 예배는 약 3시간 30분 동안 진행되었다.

6

칼 맥킨타이어 박사와 이성(異性) 문제

칼 맥킨타이어 박사는 구(Old) 프린스턴신학교를 졸업하신 아버지 찰스 커티스 맥킨타이어(Rev. Charles Curtis McIntire) 목사와 어머니 헤티 맥킨타이어(Mrs. Hettie McIntire) 사이에 3남 1녀 중 맏아들로 태어났다.

1. 어려서부터 스코틀랜드장로교 전통을 이어받아 매일 가정예배를 드리고, 웨스트민스터 신앙고백서, 소요리문답을 암송하였다.

2. 12세 때 보이스카웃(Boy Scouts)에 가입하고, 절도 있는 모범생으로 독수리 훈장(Eagle Scouts)-최고 훈장을 받았다.

3. 청소년 시절 장학금으로 공부하고, 아르바이트(part-time job)로 고학을 하며, 필요한 용돈을 해결하였다.

4. 파크대학(Park College) 학창 시절에는 페어리 유니스 데이비스를 만나서 순수한 열애를 하였고, 100년 희로애락을 같이 하기로 약속하였다. 파크대학(B. A.)을 1927년에 졸업했으며. 페어리(Fairy)는 파크대학 입학시험에 수석으로 합격하였다.

5. 칼 맥킨타이어 박사는 프린스턴신학교 입학 → 웨스트민스터신학교로 전학, 웨스트민스터신학교 제1회 졸업(1931)생이다.

6. 졸업식(1931. 5. 27) → 결혼 → 목회 시작(Carl McIntire 목사 안수받음-1931. 6. 4)

7. 훤칠한 인물, 파란 눈, 매부리코, 세기에 들을 수 없는 명설교, … 칼 맥킨타이어 박사는 일평생 이성 문제에 관하여 깨끗하셨다. 그 이유를 말한다.

첫째, 하나님의 크신 은혜요.
둘째, 자신의 몸을 철저히 관리 감독한 결과요, 사모가 본받을 현모양처의 직분을 100퍼센트 잘 감당하였기 때문이다.

7

칼 맥킨타이어 박사가 남긴 교훈

맥킨타이어 박사는 보수 신앙의 수호자, 분리주의자, 근본주의자로 평생을 하늘나라 나팔을 불었으며, 교리적 순수성을 유지하는 일에는 전혀 타협이 없었다. 우리 주님이 재림하시면 면류관을 받을 것이다. 우리는 그분의 삶에서 보여 준 교훈을 보아야 한다.

> 내가 선한 싸움을 싸우고 나의 달려갈 길을 마치고 믿음을 지켰으니 이제 후로는 나를 위하여 의의 면류관이 예비되었으므로 주 곧 의로우신 재판장이 그 날에 내게 주실 것이니 내게만 아니라 주의 나타나심을 사모하는 모든 자에게니라(딤후 4:7).

사도 바울은 일평생 신앙생활을 신앙으로 간증하였다. 이것을 본문 7절에서는 세 절로 요약하였다. 칼 맥킨타이어 박사가 남긴 삶의 교훈과 유사하다.

1. "내가 선한 싸움을 싸우고"
2. "나의 달려갈 길을 마치고"
3. "믿음을 지켰으니"
4. 상급 수여자: 그리스도 예수(공의의 재판장)
5. 상급의 대상자들: 주의 재림을 고대할 모든 성도
6. 상급의 명칭들: 의의 면류관
7. 상급의 시기: 최후 심판의 날

1. "내가 선한 싸움을 싸우고"

맥킨타이어 박사는 선한 싸움을 싸워왔다. "내가 선한 싸움을 싸우고"(톤 칼론 아고나 에고니스마이). 사도 바울은 그리스도인들을 십자가의 군병들로, 그리스도인들의 생활을 전쟁으로 묘사하였다. 성경은 믿는 일을 전쟁으로 비유하였다.

"내가 싸우고"(에고니스마이)는 아고니조마이(시합하다, 분투하다)의 현재완료 시상이다. 이 말씀은 사도 바울이 선한 싸움을 싸우기 시작한 그 순간부터(그 이래로) 지금까지 중단함 없이 계속 싸워왔다는 말씀이다. 즉, 지금까지 싸워온 선한 싸움을 지금도 싸우고 있다는 말씀이다. 그리고 싸운 것만큼 승리했음을 강조한다.

> 우리의 싸움은 혈과 육이 아니요 공중에 권세 잡은 자(사탄)와 그의 추종자들인 마귀들과 귀신들, 악의 세력, 신앙의 원수들, 그리고 우리의 옛사람과 싸움 곧 영적 전투이다(엡 6:12).

2. "나의 달려갈 길을 마치고"

맥킨타이어 박사는 "나의 달려갈 길을 마치고"(톤 드로몬 테텔레카) 천국으로 가셨다.

"길"(코스; 경주)은 마라톤 코스를 가리키며, 이 단어는 '트레코'(뛰다)에서 인출되었다.

"마치고"(테텔레카) 이 말씀도 "내가 선한 싸움을 싸우고"라고 한 말씀과 같이 현재완료 시상이다. 그러므로 "마치고"라는 말씀은 사도 바울이 믿음의 경주를 시작한 그 순간부터(그 이래로) 지금까지 중단함 없이 계속 달려왔다는 말씀이다. 즉, 지금까지 달려온 길을 지금도 달리고 있다는 말씀이다. 그뿐만 아니라 그 결과 많이 달려왔음을 지적한다. 사도 바울은 자신의 전 생애를 하나의 고상한 운동경기, 특히 마라톤에 비유하였다.

당시 모든 경기의 절정은 마라톤으로서, 코스 마지막에 선두 주자가 운동장 안으로 골인할 때에는 영웅으로 환영받았다. 당시 경기장들은 대부분 지금과 같이 원형이었고, 좌석들은 전부 돌로 놓여 있었다.

> 나의 달려갈 길과 주 예수께 받은 사명 곧 하나님의 은혜의 복음 증거하는 일을 마치려 함에는 나의 생명을 조금도 귀한 것으로 여기지 아니하노라(행 20:24).

> 인내로서 우리 앞에 당한 경주를 경주하며(히 12:1).

> 내가 이미 얻었다 함도 아니요 온전히 이루었다 함도 아니라 오직 내가 그리스도 예수께 잡힌 바 된 그것을 잡으려고 좇아가노라(빌 3:12).

> 운동장에서 달음질하는 자들이 다 달아날지라도 오직 상 얻는 자는 한 명인 줄을 너희가 알지 못하느냐? 너희도 얻도록 이와 같이 달음질하라(고전 9:24-27).

3. "믿음을 지켰으니"

칼 맥킨타이어 박사는 믿음을 지켰다. "믿음을 지켰으니"(텐 피스틴 테테레카, 내가 믿음을 지켜왔다). "지켰으니"(테테레카) 이 말씀도 완료·중간태 직설법으로 "선한 싸움을 다 싸우고, 달려갈 길을 마치고"라는 말씀과 시상이 일치한다.

즉, 사도 바울은 믿음을 지키기 시작한 그 순간부터(그 이래로) 지금까지 믿음을 계속 지켜왔다는 뜻이다. 즉, 지금까지 지켜 온 믿음을 지금도 지키고 있다는 말씀이다. 그 결과 기본적 믿음이 장성하였음을 많이 나타낸다.

4. 상급 수여자(Giver of reward): 그리스도 예수(공의의 재판장)

> 이제 후로는 나를 위하여 의의 면류관이 마련되었으므로 주 곧 의로우신 재판장이 그 날에 내게 주실 것이니 내게만 아니라 주의 나타나심을 사모하는 모든 자에게니라(딤후 3:8).

이처럼 상급은 선한 싸움을 다 싸운 성도에게, 달려갈 길을 다 간 성도에게, 믿음을 지킨 성도에게 주어진다. "주 곧 의로운 재판장"(호 퀴리오스…호 디카이오스 크리테스)은 그리스도 예수를 가리킨다. 그리스도 예수는 공의로우신 재판장, 실수, 과오, 편견이 전혀 없으신 공정한 재판장, 죽은 자와 산 자를 모두 심판하시는 재판장이시다.

> 그러므로 우리가 이제부터는 어떤 사람도 육신을 따라 알지 아니하노라 비록 우리가 그리스도도 육신을 따라 알았으나 이제부터는 그같이 알지 아니하노라(고후 5:16).

5. 상급의 대상자들(Receivers of reward): 주의 재림을 고대할 모든 성도

> 내게만 아니라 주의 나타나심을 사모하는 모든 자에게도(…뿐만 아니라…또한; 우모논 데…알라 카이)니라(딤후 4:8).

사도 바울과 주님의 재림을 고대하는 모든 성도이다. 이 말씀을 보면 바울은 그의 사도직을 언급하지 아니하고, 그의 신앙과 생활을 강조하였다. 사도 바울처럼 모든 어두움의 세력들에 대항하여 선한 싸움에 승리하고, 믿음을 보존하고, 주님의 재림을 사모하는 성도들이 모두 상급의 대상자들이다.

우리는 주님의 재림을 사모하면서 신앙의 경주를 경주하며, 신앙을 계속 보존하여 오고 있는가?

6. 의의 면류관

"의의 면류관"(호 테스 디카이오수네스 스테파노스)의 "의"는 그리스도께서 모든 율법을 다 지키셔서 획득한 온전한 의를 가리킨다. 또한, 성도들이 이 그리스도의 온전한 의를 믿음으로 전가 받아, 그 의를 기본으로 선한 싸움을 싸워 계속 저축한 의, 신앙의 경주를 하므로 계속 쌓아놓은 의, 믿음을 지키므로 계속 쌓아놓은 의, 의인의 행실로 말미암아 이룩된 의를 가리킨다.

그러므로 "의의 면류관"이란 그리스도의 의를 기초하여 성도가 쌓아올린 선행으로 구성된 면류관을 가리킨다.

"의의 면류관"이야말로 선한 싸움을 싸우고, 달려갈 길을 다 가고, 믿음을 지켜온 성도들이 받을 면류관이다. 그리고 썩지 않는 면류관은 봉사자(고전 9:25-27), 기쁨과 자랑의 면류관은 전도자(살전 2:19-20), 생명의 면류관은 충성자(계 2:10), 영광의 면류관은 신앙의 모본이 된 자(벧전 5:1-4)가 받으리라.

7. 상급의 시기(Time of reward): 최후 심판의 날

"그 날에"(엔 에케이네 테 헤메라)는 최후 심판의 날을 가리킨다. 주님께서 진실된 성도들에게 상급을 주시는 날이기도 하다. 우리 주 그리스도 예수께서 심판하실 때 사도 바울처럼 맥킨타이어 박사는 의의 면류관 등 오관의 금 면류관을 상급으로 받을 것이다. 할렐루야!

8

칼 맥킨타이어 박사의 저서 목록

1. *A Cloud of Witnesses or Heroes of the Faith*(Philadelphia: Pinebrook Press, 1938; second edition, Collingswood: Christian Beacon Press, 1965), sermons on Hebrews 11:1-12:2
2. *Twentieth Century Reformation*(Collingswood: Christian Beacon Press, 1944)
3. *The Rise of the Tyrant: Controlled Economy vs Private Enterprise* (Collingswood: Christian Beacon Press, 1945)
4. *Author of Liberty*(Collingswood: Christian Beacon Press, 1946; second edition, 1963)
5. *For Such a Time as This: The Book of Esther* (Collingswood: Christian Beacon Press, 1946) – sermons
6. *Modern Tower of Babel*(Collingswood: Christian Beacon Press, 1949
7. *Better Than Seven Sons*(Collingswood: Christian Beacon Press, 1954) – sermons on the Book of Ruth
8. *The Wall of Jerusalem Also Is Broken Down*(Collingswood: Christian Beacon Press, 1954) – sermons on the Book of Nehemiah
9. *Servants of Apostasy*(Collingswood: Christian Beacon Press, 1955)
10. *The Epistle of Apostasy: the Book of Jude*(Collingswood: Christian Beacon Press, 1958) – sermons
11. *The Death of a Church*(Collingswood: Christian Beacon Press, 1967)
12. *Outside the Gate*(Collingswood: Christian Beacon Press, 1967)

결론

칼 맥킨타이어 박사는 공산주의와 종교적 자유주의에 대한 지칠 줄 모르는 적수였다. 그는 자유주의와 자유주의와의 타협에 대한 그의 반대에 있어서 일관성이 있었다. 사회적 책임을 이행하는 것과 교리적 순결을 유지하는 것 사이에 긴장 관계가 있다.

성경의 무오와 같은 전통적인 기독교 교리를 유지하면서 동시에 사회적 영향력을 얻는 것은 어렵다. 그것이 역사에서 입증된다. 잇따른 사태의 발달을 통하여 맥킨타이어 박사가 옳은 교리들에 관해 강조한 것은 옳았다는 것을 알 수 있다. 그는 다음과 같이 진술했다.

> 타협은 약함과 불신을 낳는다. 그 지도자들이 어느 때, 어느 장소에서나 어떤 성격이라도 에큐메니컬 지향적인 회의의 인정과 칭찬을 받기를 탐하는 것은 화가 있을 것이다. 성경이 신앙과 실천의 정확무오한 유일한 규칙이면 그것이 요구하는 교제는 미혹, 합류 및 거룩하지 않은 동맹이 없이 유지되어야 한다. 교회가 충분히 엄격하지 않은 것보다 너무 엄격한 것이 신앙의 보존을 위하여 실로 더 낫다.[1]

맥킨타이어 박사는 정통장로교회(OPC)와 성경장로교회(BPC)의 선교사들과 한국 교회 지도자 박형룡 박사와 박윤선 박사를 통해서 한국 장로교회에 큰 영향을 끼쳤다.

---

1 Karl McIntire, *Outside the Gate* (Collingswood: Christian Beacon Press, 1967), 174.

2002년 3월 맥킨타이어 박사의 죽음 이후 풀러신학교 총장 리차드 모우 박사는 솔직하게 맥킨타이어 박사를 더욱더 호의적인 빛으로 논평하였다. 그는 맥킨타이어 박사에 대해 "때늦은 사과를" 다음과 같이 했다.

> 그는 미국교회협의회와 세계교회협의회의 에큐메니컬 지도자들이 소비에트 진영의 정교회들로부터 온 방문자들을 따뜻하게 영접했을 때 원수에게 도움과 위로를 주고 있다고 주장했다. 그는 '여러분, 이들은 공산주의 정부의 공작원들입니다!'라고 주장하려 했다.(중략)
> 에큐메니컬 지도자들과 같이, 나도 그의 비난들을 광신적 폭언들이라고 물리쳤다.(중략)
> [그러나] 우리는 지금 저 러시아 정교회 지도자들의 다수가 참으로 그들의 마르크스주의 정부의 의식적 지도자들임을 알고 있다.(중략)
> 내가 아는 한, 에큐메니컬 개신교계에서 아무도 그들이 그의 비난들을 물리쳤던 비신사적 태도에 대해 사과하지 않았다. 나는 비록 한 사람이지만 우리가 그에게 사과해야 한다고 믿었다. (중략)
> 맥킨타이어 박사, 당신이 옳았다!²
> (김효성의 "맥킨타이어 박사가 때늦은 사과를 받음," 합정동교회 홈페이지에서)

칼 맥킨타이어 박사는 기독교 보수주의 사상을 신봉하고 1941년에 미국 기독교교회협의회(A.C.C.C.), 1948년에 국제기독교교회협의회(I.C.C.C.) 조직을 설립하고 20세기 종교개혁운동을 시작했다. 그는 교회의 교리적 순결을 추구하고 자유주의를 강력히 비판하면서 교회의 철저한 분리주의(separation), 그리스도의 재림(the Second Coming), 그리고 부흥(revival) 운동을 신봉하였다. 그는 보수 신앙을 사수하는 영적 거인이었다.

---

2 *Christianity Today*, 21 May 2002; Calvary Contender, September 2003.

사도 바울의 생애와 선교(개정증보판)

지은이 : 조영엽
판　형 : 신국판
페이지 : 416면

이 책은 사도바울의 생애와 선교를 다룬 책이다. 사도바울이 출생하여 회심한 이후 약 35년동안 선교한 후 A.D. 67년 순교하기까지 모든 생애를 다룬다. 특히 저자가 직접 과거 10년동안 이스라엘, 요르단, 이집트, 터키, 그리스, 이탈리아를 4회에 걸쳐 방문하고 연구한 자료들을 집대성하여 매우 구체적이고 실제적인 내용으로 쓰여져 있다.